William Starling Sullivant

Icones Muscorum

Or, Figures and Descriptions of Most of those Mosses...

William Starling Sullivant

Icones Muscorum
Or, Figures and Descriptions of Most of those Mosses...

ISBN/EAN: 9783744757119

Printed in Europe, USA, Canada, Australia, Japan

Cover: Foto ©ninafisch / pixelio.de

More available books at **www.hansebooks.com**

ICONES MUSCORUM,

OR

FIGURES AND DESCRIPTIONS

OF MOST OF THOSE

MOSSES

PECULIAR TO NORTH AMERICA

WHICH HAVE NOT YET BEEN FIGURED

BY THE LATE

WILLIAM S. SULLIVANT, LL. D.

SUPPLEMENT.

POSTHUMOUS.

With Eighty-one Copper-plates.

CAMBRIDGE, Mass.:
CHARLES W. SEVER.
LONDON:
TRÜBNER & CO.
1874.

SINCE the publication of the ICONES MUSCORUM, in the year 1864, the lamented author made careful studies and sketches of the copious new materials as they came to his hands, with a view to a continuation. A portion of these was selected for the first Supplement, and the drawings and engravings of these eighty-three plates were completed before his death, in April, 1873. The drawings were made under his immediate superintendence by the same meritorious draughtsman who executed those of the original volume, Mr. August Schrader, and they were engraved on copper by Mr. William Dougal.

Some progress had been made in the preparation of the letter-press, but only a small portion of it was found to be in readiness for the printer. Its preparation and completion, as well as the oversight of the press, have devolved upon his friend and intimate companion in Bryological studies, Mr. LEO LESQUEREUX, to whom this has been a labor of love and the paying of a tribute of affection to an endeared memory. Inasmuch as he had to draw up a large proportion of the following descriptions from mere notes and remarks appended to the specimens in the Herbarium, it would have been only just, no less to Mr. Sullivant than to Mr. Lesquereux, that the name of the latter should be placed upon the title-page as the editor of this posthumous work. But he has strenuously objected to this, and his decided wishes have been deferred to. Regarding the incomparable "Icones" and this Supplement as a fitting memorial of one who will rightly be remembered as the father of American bryology, he declines to have his own name inscribed upon the monument, however subordinately. Accordingly, it only remains for the writer of this Preface to express — on the part of the botanists who are to be benefited, and of the Sullivant family, at whose expense this memorial is published — most grateful acknowledgments to Mr. Lesquereux for his valuable and essential services.

It is thought proper to annex to this Preface the brief Biographical Notice which constitutes the tribute paid by the Council of the American Academy of Arts and Sciences (in May, 1873) to the memory of its lamented Associate.

A. GRAY.

CAMBRIDGE, MASSACHUSETTS, December, 1874.

BIOGRAPHICAL SKETCH.

By ASA GRAY.

WILLIAM STARLING SULLIVANT, LL. D., died at his residence in Columbus, Ohio, on the 30th of April, ultimo. In him we lose the most accomplished bryologist which this country has produced; and it can hardly be said that he leaves behind anywhere a superior.

He was born, January 15, 1803, at the little village of Franklinton, then a frontier settlement in the midst of primitive forest, near the site of the present city of Columbus. His father, a Virginian, and a man of marked character, was appointed by government to survey the lands of that district of the "Northwestern Territory" which became the central part of the now populous State of Ohio; and he early purchased a large tract of land, bordering on the Scioto River, near by, if not including, the locality which was afterward fixed upon for the State capital.

William, his eldest son, in his boyhood, if he endured some of the privations, yet enjoyed the advantages of this frontier life, in the way of physical training and early self-reliance. But he was sent to school in Kentucky; he received the rudiments of his classical education at the Ohio University at Athens, upon the opening of that institution; and was afterward transferred to Yale College, where he was graduated in the year 1823. His plans for studying a profession were frustrated by the death of his father in that year. This required him to occupy himself with the care of the family property, then mainly in lands, mills, etc., and demanding much and varied attention. He became surveyor and practical engineer, and indeed took an active part in business down to a recent period. Leisure is hardly to be had in a newly settled country, and least of all by those who have possessions. Mr. Sullivant must have reached the age of nearly thirty years, and, having married early,* was established in his suburban residence in a rich floral district, before his taste for natural history was at all developed. His youngest brother, Joseph, was already somewhat proficient in botany as well as in conchology and ornithology; and when in some way his own interest in the subject was at length excited, he took it up with characteristic determination to know well whatever he undertook to know at all. He collected and carefully studied the plants of the central part of Ohio, made neat sketches of the minuter parts of many of them, especially of the Grasses and Sedges, entered into communication with the leading botanists of the country, and in 1840 he published "A Catalogue of Plants, Native or Naturalized, in the Vicinity of Columbus, Ohio," pp. 63, to which he added a few pages of valuable notes. His only other direct publication in phænogamous botany is a short article upon three new plants which he had discovered in that district, contributed to the American Journal of Science and the Arts, in the year 1842. The observations which he continued to make were communicated to his correspondents and friends, the authors of the "Flora of North America," then in progress. As soon as the flowering plants of his district had ceased to afford him novelty, he turned to the Mosses, in which he found abundant scientific occupation, of a kind well suited to his bent for patient and close observation, scrupulous accuracy, and nice discrimination. His first publication in his chosen department, the "Musci Alleghanienses," was

---

* His first wife, Jane Marshall of Kentucky, was a niece of Chief Justice Marshall. She died within a year after marriage.

accompanied by the specimens themselves of Mosses and Hepaticæ collected in a botanical expedition through the Alleghany Mountains from Maryland to Georgia, in the summer of 1843, the writer of this notice being his companion. The specimens were not only critically determined, but exquisitely prepared and mounted, and with letter-press of great perfection; the whole forming two quarto volumes, which well deserve the encomium bestowed by Pritzel in his Thesaurus.* It was not put on sale, but fifty copies were distributed with a free hand among bryologists and others who would appreciate it.†

In 1846 Mr. Sullivant communicated to the American Academy the first part, and in 1849 the second part, of his "Contributions to the Bryology and Hepaticology of North America," which appeared, one in the third, the other in the fourth volume (new series) of the Academy's Memoirs, — each with five plates from the author's own admirable drawings. These plates were engraved at his own expense, and were generously given to the Academy.

When the second edition of Gray's "Manual of the Botany of the Northern United States" was in preparation, Mr. Sullivant was asked to contribute to it a compendious account of the Musci and Hepaticæ of the region; which he did, in the space of about one hundred pages, generously adding, at his sole charge, eight copperplates crowded with illustrations of the details of the genera, — thus enhancing vastly the value of his friend's work, and laying a foundation for the general study of bryology in the United States, which then and thus began.

So excellent are these illustrations, both in plan and

---

* "Huic splendidæ impressæ 292 specierum enumerationi accedit elegantissima speciminum omnium exsiccatorum collectio."

† A tribute is justly due to the memory of the second Mrs. (Eliza G. Wheeler) Sullivant, a lady of rare accomplishments, and, not least, a zealous and acute bryologist, her husband's efficient associate in all his scientific work until her death, of cholera, in 1850 or 1851. Her botanical services are commemorated in *Hypnum Sullivantiæ* of Schimper, a new Moss of Ohio.

execution, that Schimper, then the leading bryologist of the Old World, and a most competent judge, since he has published hundreds of figures in his "Bryologia Europaea," not only adopted the same plan in his Synopsis of the European Mosses, but also the very figures themselves (a few of which were, however, originally his own), whenever they would serve his purpose, as was the case with most of them. A separate edition was published of this portion of the Manual, under the title of "The Musci and Hepaticæ of the United States, east of the Mississippi River" (New York, 1856, imperial octavo), upon thick paper, and with proof-impressions directly from the copperplates. This exquisite volume was placed on sale at far less than its cost, and copies are now of great rarity and value. It was with regret that the author of the Manual omitted this cryptogamic portion from the ensuing editions, and only with the understanding that a separate "Species Muscorum," or Manual for the Mosses of the whole United States, should replace it. This most needful work Mr. Sullivant was just about to prepare for the press.

About the same time that Mr. Sullivant thus gave to American students a text-book for our Mosses, he provided an unequalled series of named specimens for illustrating them. The ample stores which he had collected or acquired, supplemented by those collected by M. Lesquereux (who was associated with him from the year 1848) in a journey through the mountainous parts of the Southern States under his auspices, after critical determination were divided into fifty sets, each of about three hundred and sixty species or varieties, with printed tickets, title, index, etc., and all, except a few copies for gratuitous distribution, were generously made over, to be sold at less than cost, for his esteemed associate's benefit, and, still more, that of the botanists and institutions who could thus acquire them. The title of this classical work and collection is, "Musci Boreali Americani quorum specimina exsiccati ediderunt W. S. Sullivant et L. Lesquereux; 1856." Naturally enough the edition was immediately taken up.

In 1865 it was followed by a new one, or, rather, a new work, of between five and six hundred numbers, many of them Californian species, the first-fruits of Dr. Bolander's researches in that country. The sets of this unequalled collection were disposed of with the same unequalled liberality, and with the sole view of advancing the knowledge of his favorite science. This second edition being exhausted, he recently and in the same spirit aided his friend Mr. Austin, both in the study and in the publication of his extensive "Musci Appalachiani."

To complete here the account of Mr. Sullivant's bryological labors illustrated by "exsiccati," we may mention his "Musci Cubenses," named, and the new species described in 1861, from Charles Wright's earlier collections in Cuba, and distributed in sets by the collector. His researches upon later and more extensive collections by Mr. Wright lie in the form of notes and pencil sketches, in which many new species are indicated. The same may be said of an earlier still unpublished collection, made by Fendler in Venezuela. Another collection, of great extent and interest, which was long ago elaborately prepared for publication, and illustrated by very many exquisite drawings, rests in his portfolios, through delays over which Mr. Sullivant had no control; namely, the Bryology of Rodgers's U. S. North Pacific Exploring Expedition, of which Charles Wright was botanist. Brief characters of the principal new species were, however, duly published in this as in other departments of the botany of that expedition. It is much to be regretted that the drawings which illustrate them have not yet been engraved and given to the scientific world.

This has fortunately been done in the case of the South Pacific Exploring Expedition under Commodore Wilkes. For, although the volume containing the Mosses has not even yet [May, 1873] been issued by government, Mr. Sullivant's portion of it was published in a separate edition in the year 1859. It forms a sumptuous imperial folio, the letter-press having been made up into large pages, and printed on paper which matches the plates, twenty-six in number.

One volume of the Pacific Railroad Reports, i. e. the fourth, contains a paper by Mr. Sullivant, being his account of the Mosses collected in Whipple's Exploration. It consists of only a dozen pages of letter-press, but is illustrated by ten admirable plates of new species.

The "Icones Muscorum," however, is Mr. Sullivant's crowning work. It consists, as the title indicates, of "Figures and Descriptions of most of those Mosses peculiar to Eastern North America which have not been heretofore figured," and forms an imperial octavo volume, with one hundred and twenty-nine copperplates, published in 1864. The letter-press and the plates (upon which last alone several thousand dollars and immense pains were expended) are simply exquisite and wholly unrivalled; and the scientific character is acknowledged to be worthy of the setting. Within the last few years, most of the time which Mr. Sullivant could devote to science has been given to the preparation of a second or supplementary volume of the "Icones." The plates, it is understood, are completed, the descriptions partly written out, and the vernal months in which his mortal life closed were to have been devoted to the printing. The Manual of North American Mosses was speedily to follow.

He was remarkably young for his years, so that the hopes and expectations in which we were indulging seemed reasonable. But in January, not far from his seventieth birthday, he was prostrated by pneumonia, from the consequences of which, after some seeming convalescence, he died upon the last day of April. He leaves a wife, Mrs. Caroline E. (Sutton) Sullivant, children, grandchildren, and great-grandchildren, to inherit a stainless and honored name, and to cherish a noble memory.

In personal appearance and carriage, no less than in all the traits of an unselfish and well-balanced character, Mr. Sullivant was a fine specimen of a man. He had excellent business talents, and was an exemplary citizen; he had a refined and sure taste, and was an accomplished draughtsman. But after having illustrated his earlier productions with his own pencil, he found that valuable time was to be gained by employing a trained artist. He discovered in Mr. A. Schrader a hopeful draughtsman, and he educated him to the work, with what excellent results the plates of the "Icones" and of his other works abundantly show. As an investigator he worked deliberately, slowly indeed and not continuously, but perseveringly. Having chosen his particular department, he gave himself undeviatingly to its advancement. His works have laid such a broad and complete foundation for the study of bryology in this country, and are of such recognized importance everywhere, that they must always be of classical authority; in fact, they are likely to remain for a long time unrivalled. Wherever Mosses are studied, his name will be honorably remembered; in this country it should long be remembered with peculiar gratitude.

In accordance with his wishes, all his bryological books and his exceedingly rich and important collections and preparations of Mosses are to be consigned to the Gray Herbarium of Harvard University, with a view to their safe preservation and long-continued usefulness. The remainder of his botanical library, his choice microscopes, and other collections are bequeathed to the State Scientific and Agricultural College, just established at Columbus, and to the Starling Medical College, founded by his uncle, of which he was himself the Senior Trustee.

Mr. Sullivant was chosen into the American Academy in the year 1845. He received the honorary degree of Doctor of Laws from Gambier College, in his native State, and was an associate of the principal scientific societies of this country, and of several in Europe. His oldest botanical associates long ago enjoyed the pleasure of bestowing the name of SULLIVANTIA OHIONIS upon a very rare and interesting, but modest and neat Saxifragaceous plant, which he himself discovered in his native State, on the secluded banks of a tributary of the river which flows by the place where he was born, and where his remains now repose.

SPHAGNUM AUSTINI, *Sulliv.*

Tab. 1.

PLANTÆ robustæ, speciosæ, molles, superne pallide virides, inferne fusco-ochraceæ.

CAULIS semipedalis et ultra, simplex vel bipartitus, conferto-ramulosus; strato corticali spongioso quadruplici e cellulis porosis et fibrosis exstructo, ligneo denso rubiginoso.

FOLIA caulina oblongo-spathulata, superne valde fimbriata; cellulæ hyalinæ, superiores inanes, inferiores fibris et sporis instructæ. Ramuli strato celluloso simplici fibroso et poroso induti, tumido-foliosi, ternato-fasciculati, duobus arcuato-decurvis vel horizontalibus, uno pendente: folia ramulorum media ovalia, marginibus inflexis superne fimbriata, apice cucullato et intensius colorato squarroso-scabra, cellulis hyalinis porosis et spiraliter fibrosis intus ad latera fibris rudimentariis obsitis, ita ut rete chlorophyllosum dense et brevissime hispidulum appareat; cellulis intermediis chlorophyllosis trigonis ad folii faciem concavam emersis: folia perichætialia late oblonga, breviter obtusa, acuminata, fimbriata, cellulis spiriferis et poris pertusis, illis in folii medio versus basin inanibus.

FLORES monoici; masculi in ramulorum apice subinflati amentacei rariores.

SPHAGNUM AUSTINI, Sulliv. in Austin, Musci Appalachiani, No. 2.

HAB. Swamps near Farrago and Manchester, Ocean County, New Jersey, *Austin*.

This fine species is related by its general facies to *S. Portoricense* and *S. cymbifolium*; it is recognized, however, at first sight by its pale-green color, its more slender open branches, and its narrower leaves.

TAB. 1. — Sphagnum Austini.

1. Planta *naturali magnitudine*.
2. Pars caulis cum ramulorum fasciculo et foliis caulinis.
3. Folia ramulina.
4. Sectio transversalis folii.
5. Folium caulinum.
6. Areolatio ejusdem.
7. Areolatio folii ramulini.
8. Pars caulis transversim secti.
9. Pars externa ramuli, ejusdem sectio transversalis.
10. Capsula et operculum, calyptræ pars basilaris, pseudopodium et perichætium.
11. Folium perichætiale, ejusdem areolatio.

SPHAGNUM CUSPIDATUM, *Ehrh.* var.

Tab. 2.

A forma normali tantummodo differt: caule robustiori, foliis ramulinis densius imbricatis poris sat numerosis instructis, inflorescentia dioica.

SPHAGNUM LARICINUM, Austin, Musc. Appalach. No. 31.

HAB. Bogs, Sand-lake, New York, *Peck.*

By its more closely imbricated leaves, either appressed or slightly secund, its dense ramification, etc., this form rather resembles *Sphagnum laricinum*, *Spruce*, than any of the varieties of *S. cuspidatum*. A close study, however, fails to disclose any character which could separate it from this last species. It has indeed a diœcious inflorescence; but it is now recognized that in the multiple forms of *S. cuspidatum* the inflorescence, although more generally monœcious, is sometimes diœcious. As remarked in the *Musci Appalachiani*, this form may be a hybrid between *S. subsecundum* and *S. cuspidatum*.

TAB. 2. — SPHAGNUM CUSPIDATUM, var.
1. Planta *naturali magnitudine*.
2. Pars caulis cum ramulorum fasciculo.
3. Pars ramuli masculini.
4. Folium ramulinum et ejusdem areolatio.
5. Sectio transversalis folii ramulini.
6. Sectio transversalis caulis.
7, 8. Capsula, pseudopodium, perichætium et folium perichætiale.
9. Folium caulinum et ejusdem areolatio.
10. Pars ramuli denudati cum antheridiis.
11. Antheridium cum pedicello paraphysibus ramosis obsitis.

SPHAGNUM MENDOCINUM, *Sulliv. & Lesqx.*

Tab. 3.

PLANTÆ proceriores, in cæspitibus laxis fluitantibus, superne aureo-rufescentibus, inferne pallide fulvellis degentes. CAULIS 7–10-uncialis, firmus, badius, strato corticali simplici duplicive, ligneo rufulo.

FOLIA caulina oblongo-ovata, ad apicem solum fibrosum et porosum marginata. Ramuli 4–5 fasciculati, longi, flexiles, attenuati, 2–3 arcuato-decurvi, 1–2 deflexi, caulem haud obvelantes. Folia ramulina laxe incumbentia, stricta; media elliptico-lanceolata, acuminata, concava, late marginata, apice breviter tubuloso-dentata, sicca rigidula, marginibus haud undulata; cellulæ hyalinæ elongato-flexuosæ, crebre fibrosæ, poris numerosissimis minutis ad utramque marginem seriatim positis pertusæ; cellulæ intermediæ virides, compresso-trigonæ, extus liberæ, intus hyalinis marginibus obtectæ. Cætera desunt.

Stirps pulcherrima, ad *S. cuspidati* formas fluitantes facie et aliis notis accedens, sed cellulis foliorum ramulinorum hyalinis valde porosis, strato corticali etc. distinctissima.

SPHAGNUM AURICULATUM, Lesqx. in Mem. Calif. Acad. Sci. 1, part 1, p. 4 (1867); Sulliv. & Lesqx. Musc. Amer. Exsic. No. 23.

HAB. California, in great bogs at the altitude of 8,000 – 9,000 feet, near King's river, *Brewer*. Swamps near Mendocino City, *Bolander*, 1867.

TAB. 3. — SPHAGNUM MENDOCINUM.
1. Planta *naturali magnitudine*.
2. Pars caulis cum ramulo.
3. Folia ramulina.
4, 5. Folii ramulini sectio transversalis.
6. Ejusdem areolatio cellulas porosas exhibens.
7, 8. Folia caulina cum areolatione.
9. Sectio transversalis caulis.

SPHAGNUM TERES, *Angstr.*

Tab. 4.

PLANTÆ gracilescentes, laxe cæspitosæ, cæspites pallide ferruginei.

CAULIS subpedalis, plerumque simplex, strato corticali duplici triplicive haud poroso vestitus; ramulis 3 - 4 fasciculatis, duobus erecto-curvatis, cæteris vix gracilioribus pendulis, omnibus teretibus attenuatis.

FOLIA caulina oblongo-ovata, apice rotundata, majuscula; ramulina conferte imbricantia, ovata, breviter acuminata, apice margine inflexo cucullata, bidentata; cellulæ hyalinæ fibrillosæ, porosæ, poris maximis ad utramque marginem dispositis.

FLORES dioici: antheridia in medio turgido ramulorum collocata.

CAPSULA terminalis, globosa, emersa. Folia perichætialia eporosa, linguæformia, emarginato-subfimbriata vel erosa.

SPHAGNUM TERES, Angstroem, Skand. Fl. (ed. 8) p. 417.
SPHAGNUM SQUARROSUM, var. TERES, Schimp. Monogr. p. 64.

HAB. Low grounds, Closter and Southern New Jersey, *Austin.*

TAB. 4. — SPHAGNUM TERES.
1. Plantæ *naturali magnitudine*.
2. Ramulus plantæ masculæ florifer.
3. Pars caulis cum ramulo.
4, 5, 6, 7. Folium ramulinum, ejusdem sectio transversalis et areolatio.
8. Sectio transversalis caulis.
9. Sectio transversalis ramuli.
10. Perichætium et capsula deoperculata.
11. Folia caulina et perichætialia.
12. Antheridium cum pedicello paraphysibus ramosis obsitis.

SPHAGNUM GIRGENSOHNII, *Russow.*

Tab. 5.

PLANTÆ robustæ, cæspitosæ, flavo-virides.

CAULIS simplex, firmus, 6 – 8-uncialis, fasciculatim 3 – 5-ramulosus; ramulis gracilibus filiformibus vel leniter tumidulis acutis, in planta mascula e medio ad apicem inflatis; strato corticali duplici vel triplici serie cellularum constructo, ramulorum simplici valde poroso.

FOLIA caulina majuscula, erecta, linguæformia, basi dilatata, appendiculata, apice rotundato emarginata; ramulina ovato-acuta, apice bidentata, cellulis hyalinis rhomboideis fibrillosis porosis, parietalibus chlorophyllosis ad folii faciem liberis, anguste cuneiformibus areolata.

FLORES dioici: plantæ masculæ femineis similes; amentula mascula clavata, intensius colorata; fructus terminales, emersi; perichætium laxe imbricatum; folia perichætialia late oblongo-ovata, emarginata vel erosa, cellulis vacuis areolata.

SPHAGNUM GIRGENSOHNII, Russow, Beitr. zur Kentn. der Torfm. (1865).
SPHAGNUM FIMBRIATUM, var. MAJUS, auct.
SPHAGNUM STRICTUM, Lindl. Mss. olim.

HAB. Swamps and bogs, Northern New Jersey to Canada.

TAB. 5. — SPHAGNUM GIRGENSOHNII.

1. Plantæ fem. et masc. *naturali magnitudine.*
2. Pars caulis cum ramulo.
3. Folia ramulina et eorumdem areolatio.
4. Sectio transversalis folii.
5. Sectio transversalis ramuli.
6. Sectio transversalis caulis.
7. Cellulæ porosæ ramulorum.
8. Perichætium, pseudopodium, capsula, calyptræ pars basilaris cum folio perichætiali et ejusdem areolatione.
9. Folium caulinum cum areolatione.
10. Antheridium pedicellatum et paraphyses ramosæ.

SPHAGNUM PYLÆSII, *Brid.*

Tab. 6.

PLANTÆ fertiles robustiores, in cæspites laxiores congestæ. CAULIS simplex, vix semipedalis; ramulis singulis vel 2 – 3 fasciculatis curvulis et deflexis filiformibus subacutis.

FOLIA caulina ramulinaque similia, oblongo-ovata, valde concava, obtusiuscula, integerrima, cellulis hyalinis fibrillosis eporosis, ductibus intercellularibus chlorophyllosis ad utramque folii faciem parietibus crassis liberis sectione transversali ovalibus.

FLORES dioici: plantæ masculinæ femineis robustiores; amentula mascula subinflata, in ramulis superioribus disposita. Capsula in ramulis lateralibus brevioribus immersa, parva, globosa. Folia perichætialia laxiuscula, conformia, longiora.

SPHAGNUM PYLÆSII, Brid. Bryol. Univ. p. 750; Sulliv. Icones Musc. 1, p. 12, t. 6.
SPHAGNUM SEDOIDES, var. Sulliv. & Lesqx. Musc. Amer. Exsic. (ed. 1), No. 4; Sulliv. Mosses U. S. p. 12.
SPHAGNUM CYMBIFOLIUM, forma juvenilis, Müll. Synop. Musc. 1, p. 92.

HAB. Newfoundland, *La Pylaie*. Table-Rock Mountain in South Carolina, *Gray, Lesquereux*. Willey Mountain, New Hampshire, *James*. Stagnant pools and marshes in Southern New Jersey, in fruiting state, *Austin*.

TAB. 6. — SPHAGNUM PYLÆSII.
1. Plantæ masc. et fem. *naturali magnitudine*.
2. Pars caulis cum ramulo fructifero.
3, 4. Folia caulina et ramulina.
5, 6. Sectio transversalis foliorum.
7. Areolatio foliorum.
8, 9. Sectio transversalis caulis et ramuli.
10. Ramulus fertilis cum perichætio et capsula.
11. Folium perichætiale cum pseudopodio capsula et sporis.
12. Ramulus femineus cum antheridiis pedicellatis eparaphysatis.

SPHAGNUM CYCLOPHYLLUM, *Sulliv. & Lesqx.*

Tab. 7.

PLANTÆ robustæ, vermiculiformes, molles, procumbentes vel laxe cæspitantes, colore glauco-albescente.

CAULIS 2–4-uncialis, ½ unc. diametro excedens, compresso-julaceus, ut plurimum simplex, interdum uno alterove ramo brevi suberecto instructus, strato tegumentario simplici.

FOLIA pro caulis ratione amplissima, orbiculari-ovata, imbricantia, flaccida, apice integerrima, basi constricta; cellulis marginalibus exilissimis biserialibus, cæteris hyalinis elongatis flexuosis fibrosis; poris numerosis minutis ad latera positis. Sectio transversalis folii ut in præcedente.

FLORES dioici: amentula mascula in ramis simplicibus comalibus disposita.

CAPSULA globosa, parva, in perichætio gemmaceo laterali immersa; folia perichætialia imbricata, oblongo-ovata, concava, apice eroso-truncata.

SPHAGNUM CYCLOPHYLLUM, Sulliv. & Lesqx. Musc. Amer. Exsic. (ed. 1), No. 5; Sulliv. U. S. Mosses, p. 11.
SPHAGNUM CYMBIFOLIUM, var. Hook. & Wils. in Drumm. Musc. Amer. Coll. 2, No. 17.

HAB. New Orleans, *Drummond.* Mountains of Alabama, *Lesquereux.* New Jersey, *James.* Southern New Jersey, fertile plants, *Austin.*

TAB. 7. — SPHAGNUM CYCLOPHYLLUM.
1. Plantæ fem. et masc. *naturali magnitudine.*
2, 3. Caulis fertilis cum ramulo perichætio et capsula.
4, 5. Folium caulinum et ejusdem areolatio.
6, 7. Folii et caulis sectiones transversales.
8. Amentulum masculinum.
9, 10. Archegonium, perichætium, capsula et folia perichætialia.
11, 12. Capsula et sporæ.

SPHAGNUM LARICINUM, *Spruce.*

Tab. 8.

A *Sphagno contorto*, cui habitu statura et colore simillimum, differt: foliis caulinis ad basin coarctatis apice emarginatis, ramulinis brevioribus imbricatis appressis nec subsecundis, cellulis hyalinis elongatis flexuosis, poris minoribus rarioribus ad utramque marginem sitis, cellulis parietalibus chlorophyllosis, medianis sectione transversali ovalibus ad utramque faciem liberis, caulis strato corticali duplici, etc.

SPHAGNUM LARICINUM, Spruce; Ångstr. in Öfvers. Kon. Vet. Akad. Forh. (1864).
SPHAGNUM CONTORTUM, var. LARICINUM, Wils. Bryol. Brit. p. 22.
SPHAGNUM SUBSECUNDUM, Milde, Bryol. Siles. p. 392.

HAB. Marshes and bogs, Sandlake, New York, *Peck.*

The specimens apparently represent this species. They are, however, too incomplete for positive identification. The plate is completed from European specimens.

TAB. 8. — SPHAGNUM LARICINUM.
1. Planta *naturali magnitudine*.
2. Pars caulis cum ramulis et perichætio.
3. Folia ramulina.
4. Sectio transversalis folii.
5. Ejusdem areolatio.
6. Folium caulinum.
7. Pars ramuli denudati.
8. Ejusdem sectio transversalis.
9. Sectio transversalis caulis.
10. Folium perichætiale et ejusdem areolatio.
11. Capsula operculata.

SPHAGNUM WOLFIANUM, *Girgens.*

Tab. 9.

PLANTÆ robustæ, cæspitosæ, pallide rufescentes.

CAULIS simplex, semipedalis et ultra, dense fasciculatim ramosus, ramulis 7−14 brevibus, 3−7 horizontalibus vel deorsum subcurvatis tumidulis, cæteris pendulis longioribus graciliioribus filiformibus; caulis strato corticali duplici solido brunneo.

FOLIA caulina e basi dilatata semi-amplexicaulia, lingulata, acutiuscula, apice eroso-subdenticulata, poris fibrillisque omnino deficientibus; ramulina ovato-lanceolata, concava, apice tridentata, cellulis hyalinis flexuoso-fusiformibus latioribus fibrillosis parceporosis, cellulis intermediis chlorophyllosis tenuissimis, medianis parietibus folii obtectis sectione transversali ovalibus.

FLORES monoici: antheridia secus ramulos subclavatos intensius rubellos in caulis capitulo compacto disposita.

CAPSULA globosa, emersa; perichætii polyphylli foliis imbricatis subsecundis oblongo-ovatis obtuse acuminatis; areolatione caulinorum.

SPHAGNUM WOLFIANUM, Girgensohn, Arch. für die Naturkunde Liv. Est. und Kurlands, Ser. 2, 11, p. 173 (1860); Bot. Zeit. p. 274 (1862).
SPHAGNUM PYCNOCLADUM, Ångstr. Rab. Bryotheca, No. 709 (1864).

HAB. Canada, *Macoun, Fowler.* New York, *Howe, Peck, Austin.*

TAB. 9. — SPHAGNUM WOLFIANUM.
1. Plantæ *magnitudine naturali.*
2. Pars caulis cum ramulis.
3, 4, 5. Folium ramulinum, ejusdem sectio transversalis et areolatio.
6. Perichætium et capsula.
7. Folium perichætiale et ejusdem areolatio.
8. Sectio transversalis caulis.
9. Pars ramuli et sectio transversalis ejusdem.
10. Folium caulinum.
11. Antheridium.

EPHEMERUM PAPILLOSUM, *Aust.*

Tab. 10.

Ab *Ephemero crassinervio* proximo differt: foliis angustioribus æqualiter remotiuscule serratis utraque pagina papillosis, calyptra cucullato-mitriformi papillis conspicuis obtecta, sporis fere lævibus.

EPHEMERUM PAPILLOSUM, Austin, Musc. Appalach. No. 50.

HAB. On thin soil and on rocks, Palisades, New Jersey, *Austin.*

TAB. 10.— EPHEMERUM PAPILLOSUM.
1. Plantæ *naturali magnitudine.*
2. Plantæ.
3. Folia.
4, 5, 6. Capsulæ cum calyptra foliis perichætialibus et areolatione.
7. Capsulæ sectio longitudinalis et sporæ.
8. Archegonium et folia perichætialia.
9. Gemma mascula.
10. Antheridium.
11. Calyptra papillosa.

MICROMITRIUM, *Austin.*

CAPSULA globosa, immersa, tenera, apiculata vel mutica, clausa vel pressa in medio horizontaliter fatiscens, brevissime pedicellata vel exacte sessilis.

CALYPTRA minima, subdisciformis, stylidifera, arcte adhærens.

FLORES synoici.

PLANTÆ minutissimæ, in prothallio byssoideo diu persistente nidulantes; foliis ecostatis laxissime areolatis.

Ephemera valde referens, distinctum tamen inflorescentia, calyptræ forma, et minutie.

MICROMITRIUM MEGALOSPORUM, *Austin.*

Tab. 11.

PLANTÆ minimæ. CAULIS perbrevis.

FOLIA late ovato-lanceolata, obtuse serrata.

CAPSULA apiculata, clausa, exacte sessilis; vaginula majuscula truncato-obovata; calyptra concentrica; sporis sublævibus magnis $\frac{1}{400}$ unc. diam. metientibus.

MICROMITRIUM MEGALOSPORUM, Austin, Musc. Appalach. No. 47.

HAB. With both congeneric species, very rare, *Austin.* This species is easily distinguished from its congeners by its broader slightly concave incurved leaves, the pale color of the capsule, the size of the spores, etc.

TAB. 11.— MICROMTIRIUM MEGALOSPORUM.

1. Plantæ *naturali magnitudine.*
2. Plantæ cum foliis et capsulis.
3. Capsule liberæ, folium perichætiale, et calyptra.
4. Capsula et ejusdem areolatio.
5. Capsula fatiscens et sporæ.
6. Sectio longitudinalis capsulæ.
7. Calyptra.
8. Folia.
9. Folium et ejusdem areolatio.
10. Antheridium et paraphysis.

MICROMITRIUM AUSTINI, (*Sulliv.*) *Austin.*

Tab. 12.

PLANTÆ minimæ, subacaules.

FOLIA patenti-recurvia, lingulato-lanceolata, superne distincte serrata.

CAPSULA apiculata, in medio ægre circumcissili-dehiscens, brevissime pedicellata; calyptra concentrica; sporis vix papillosis $\frac{1}{1000}$ unc. diam. metientibus.

MICROMITRIUM AUSTINI (Sulliv.), Austin, Musc. Appalach. No. 45.
EPHEMERUM AUSTINI, Sulliv. in litt. (1867).

HAB. On wet broken ground in woods, Closter, New Jersey, *Austin.*

TAB. 12. — MICROMITRIUM AUSTINI.
1. Plantæ *naturali magnitudine*.
2. Plantæ.
3. Folia.
4. Capsulæ subsessiles et pars caulis.
5. Capsula et folium perichætiale.
6. Capsula et antheridium.
7. Sectio longitudinalis capsulæ.
8. Calyptra.

MICROMITRIUM SYNOICUM, *(James) Austin.*

Tab. 13.

Micromitrio Austini simillimum, differt : caule longiore interdum gracilescente, foliis dissitioribus erectiusculis obsolete serrulatis, capsula mutica subirregulariter dehiscente, calyptra excentrica i. e. sæpius ad capsulæ latus vel infra dejecta, sporis paullulum majoribus papillulosis.

EPHEMERUM SYNOICUM, James, Trans. Amer. Phil. Soc., 1865, p. 106; Sulliv. et Lesqx. Musc. Exsic. Amer. (ed. 2), No. 27.

HAB. On broken clayey ground, in low meadows, near Camden, New Jersey, and around Philadelphia, *James.*

TAB. 13. — MICROMITRIUM SYNOICUM.
1. Plantæ *naturali magnitudine.*
2. Plantæ.
3. Folia et corumdem areolatio.
4. Capsula, folium perichætiale, et antheridia.
5. Capsula cum calyptra excentrica.
6. Capsula fatiscens et sporæ.
7. Pars capsulæ cum calyptra.
8. Vaginula.
9. Antheridium, archegonium, et paraphysis.

BRUCHIA BOLANDERI, *Lesqx.*

Tab. 14.

PLANTÆ gregariæ, cæspitulosæ, pallide virescentes.

CAULIS brevis, vix lineam metiens, basi radiculosus, simplex.

FOLIA caulina laxe imbricata, minuta, lanceolata; comantia erecto-aperta, e basi latiuscula lanceolata, brevi-subulata, costa plana sub apice obscure et obtuse serrulato desinente, reti basilari quadrato-elongato, apiciali angustiore distincto: folia perichætialia late ovata, amplectentia, tubulosa; externa breviter acuminata; interna lanceolato-subulata, erecta, caulinis duplo triplove longiora, reti laxiori.

CAPSULA in pedicello robusto 2–4 lineas metiente subflexuoso erecta vel subobliqua, e collo elongato pallide viridi oblonga, angusta, virescens, in rostrum rectum pallidumque producta; calyptra tertiam partem capsulæ obtegens, basi laciniata.

FLORES monoici: caule primario repente radiculoso masculas femineasque gemmas radiculosas gestante; floribus masculis crassioribus; foliis perigonialibus internis brunneis ovato-lanceolatis acutis obsolete nervosis.

BRUCHIA BOLANDERI, Lesqx. Mem. Calif. Acad. Sci. 1, p. 5.

HAB. California, *Bolander.*

The species is closely allied to *Bruchia Vogesiaca, Schwæyr.*, differing from it, however, by shorter stem-leaves and longer and nearly tubulose perichætial leaves, by the shorter beak, and especially the longer collum of the capsule. The pedicel also is thicker than in the European species, straight when moistened, and only slightly flexuous when dry.

TAB. 14. — BRUCHIA BOLANDERI.
1. Planta *naturali magnitudine*.
2. Planta cum gemma mascula et capsula calyptrata.
3. Pars plantæ fertilis cum perichatio.
4. Folia caulina.
5. Folia perichætialia interna.
6. Folium caulinum et ejusdem areolatio.
7. Capsula.
8. Capsulæ sectio longitudinalis et sporæ
9. Calyptra.
10. Gemma mascula.
11. Folium perigoniale.

BRUCHIA BEYRICHIANA (*Hampe*). *Müller*.

Tab. 15.

PLANTÆ humiles, cæspitulosæ, pallide-virides.
CAULIS brevis, simplex, basi radiculosus.
FOLIA in sicco curvata, humefacta erecto-aperta; caulina anguste-lanceolata, sensim e medio longe subulata, subintegra, nervo valido cum apice evanido.
FLORES monoici: antheridia in axillis foliorum comantium sessilia nuda.
CAPSULA in pedicello breviusculo subflexuoso emersa, oblonga, subæqualis, rostrata, erecta, collo brevi instructa, brunneostraminea; calyptra magna, capsulam ad basin usque tegens, pluries laciniata.

SPORLEDERA BEYRICHIANA, Hampe, Linn. 11. p. 279.
PHASCUM BEYRICHIANUM, Schwægr. Suppl. 4, t. 301.
BRUCHIA BEYRICHIANA, Müll. Bot. Zeit. 1847.

HAB. First found near Baltimore by *Beyrich*. Santee Canal, *Ravenel*. Burlington, New Jersey, *James*. North Illinois, Dr. *G. Vasey*.

This species is very distinct, and is recognized by its ovate short capsule without any marked collum, covered to its base by the long calyptra; by its inflorescence, etc.

TAB. 15. — BRUCHIA BEYRICHIANA.
1. Plantæ *naturali magnitudine*.
2. Planta.
3. Pars caulis cum antheridiis et capsula.
4. Folia caulina.
5. Folium caulinum et ejusdem areolatio.
6. Folium perichætiale.
7. Capsula immatura, antheridia, et archegonia.
8. Sectio longitudinalis capsulæ et sporæ.
9. Calyptra.
10. Antheridium.

PHYSCOMITRIUM HIANS, Lindb.

Tab. 16.

PLANTÆ dense gregariæ sæpissime laxe cæspitantes, brunneo-virides.

CAULIS 2-3 lineas altus, simplex vel innovante quandoque parce ramosus, basin versus valde radiculosus.

FOLIA erecto-patentia, oblongo-ovata, breviuscule acuminata, integerrima, vel sub acumine angulis cellularum exeuntibus levissime serrulata, nervo sub acumine dissoluto; areolatione hexagono-oblonga laxa, cellulis superioribus minoribus subquadratis.

FLORES monoici: masculi gemmacei ad basin caulis laterales, sessiles.

CAPSULA in pedicello crasso 1-2 lineas alto ovali-obconica, desiccata sub ore hiante leniter constricta, rugosa, collo crasso longiusculo; annulo triplici latissimo; operculo deplanato altius rostrato; calyptra basi laciniata operculum tegente.

PHYSCOMITRIUM HIANS, Lindb. Manip. Musc. 1, p. 51 (1870).
GYMNOSTOMUM LATIFOLIUM, Drum. Musc. Bor.-Amer. 1, No. 16.
PHYSCOMITRIUM HOOKERI, Hampe, Icon. Musc. 3, No. 30.

HAB. Wet meadows and marshy fields, not uncommon in Ohio and the neighboring States, and generally mixed with *Physcomitrium pyriforme*, as it is in the second edition of the Musci Exsiccati Americani of Sullivant and Lesquereux, No. 234.

The reason for displacing the name of this species to constitute of it a mere variety of Drummond's species is not evident. As has been already remarked by Wilson, in the London Journal of Botany, Vol. 3, it is very variable in size; some of the plants being as long as those of *P. pyriforme*, with which it is generally found mixed. Indeed, it apparently may be found passing into that species through intermediate forms.

TAB. 16.— PHYSCOMITRIUM HIANS.
1. Plantæ *naturali magnitudine*.
2. Planta.
3. Folia.
4. Areolatio folii.
5, 6. Pars caulis cum capsula operculata et deoperculata.
7. Capsula vacua sicca.
8. Pars oris capsulæ, annulus, et sporæ.
9. Calyptræ.
10. Archegonium, antheridium, et paraphyses clavatæ.

ENTOSTHODON BOLANDERI. *Lesqr.*

Tab. 17.

PLANTÆ gregariæ vel laxe cæspitulosæ, humiles, flavescenti-virides.

CAULIS brevis, vix duas lineas altus, erecto-curvatus, basin versus radiculosus.

FOLIA coronalia ovata, acuminata, laxe areolata, versus apicem cellularum angulis prominulis subdenticulata, enervia vel ad medium nervo dilatato instructa.

FLORES monoici : masculini gemmacei, sub comam innovantes.

CAPSULA in pedicello rigido semipollicari erecta, pyriformis, symmetrica, microstoma, collo longiori subinflato sensim in pedicellum exeunte; operculo convexo-conico mamillato; peristomii dentibus pallidis minutissime granulosis lineari-lanceolatis æqualibus nec nodosis, articulationibus lineaque mediali vix conspicuis.

ENTOSTHODON BOLANDERI, Lesqx. Trans. Amer. Phil. Soc. 13, 1, p. 10; Sulliv. et Lesqx. Musc. Exsic. Amer. (ed. 2), No. 236.

HAB. Wet clay ground near San Francisco, California, *Bolander.*

TAB. 17. — ENTOSTHODON BOLANDERI.
1. Plantæ *naturali magnitudine.*
2. Planta.
3, 4, 5. Folia et areolatio.
6. Flos masculus et folium perigoniale.
7. Archegonium et paraphyses.
8. Apex caulis fertilis cum vaginula.
9. Antheridium et paraphysis.
10. Capsula operculata.
11. Dentes peristomii.
12. Peristomium.
13. Calyptra.

FUNARIA CALIFORNICA. *Sulliv. & Lesqr.*

Tab. 18.

PLANTÆ laxe cæspitosæ, pusillæ, pallide virides.

CAULIS brevis, 1 – 2 lineas altus, basi radiculosus, floris masculi innovatione dichotomus.

FOLIA coronalia majora, in gemmulam congesta, erecta, oblonga, brevi-acuta, concava, integerrima, fere continuo-costata; areolatione marginali versus apicem subquadrata, inferne longiori æquilaterali.

CAPSULA in pedicello brevi vix pollicari recto sicco sinistrorsum torto subpyriformi-oblonga, erecta, æqualis vel asymetrica; operculo convexo conico; calyptra et peristomio generis; annulo nullo.

FUNARIA CALIFORNICA, Sulliv. et Lesqx. Musc. Exsic. Amer. (ed. 2), No. 238.

HAB. Clayey soil, Auburn, Ukiah, etc., California, *Bolander*.

TAB. 18. — FUNARIA CALIFORNICA.
1. Plantæ *naturali magnitudine*.
2. Planta.
3. Pars caulis.
4. Folia et eorumdem areolatio cum sectione transversali.
5. Capsula operculata.
6. Capsula vacua sicca.
7. Pars peristomii.
8. Calyptra.
9. Pars caulis cum vaginula.
10. Gemma mascula, antheridium, et paraphysis.

FUNARIA AMERICANA. *Lindb.*

Tab. 19.

PLANTÆ gregariæ vel laxe cæspitantes, pusillæ.

CAULIS e basi radiculosus, innovante dichotomus, erectus, 2 – 3 lineas altus.

FOLIA erecto-subaperta, oblongo-ovata, sensim in acumen longiusculum producta, nervo valido continuo instructa, margine subintegra, areolatione laxa.

CAPSULA oblongo-pyriformis, in pedicello brevi 3 – 8 lineas longo subflexuoso, sicco inferne sinistrorsum superne dextrorsum torto, subcernua, erecta, collo inflato rugulosa; operculo longe conico obtuso.

FUNARIA AMERICANA, Lindb. Revis. Funar. (1863).
FUNARIA MUHLENBERGII, Hedw. fil. MSS. in Turn. Flor. Hiber. (1804), nomen solum.
FUNARIA MUHLENBERGII, Schwægr. Suppl. 1 & 2, p. 78, t. 66 (1816), exclus. descriptione.

HAB. Pennsylvania, *Muhlenberg, James*.

This is an interesting recent rediscovery of a long-lost species. It does not appear that it has been found before *James* by any one except *Muhlenberg*, who sent it from Pennsylvania to Hedwig. The first mention of it is in Turner's Musc. Hiber., 1804, under the name simply of *Funaria Muhlenbergii*, Hedw. fil. MSS., without any diagnosis. Subsequently another species was found in Europe, near the coast of the Mediterranean, which was until recently considered by all bryologists the same as the Pennsylvanian species. On these two species combined was founded *F. Muhlenbergii* of Schwægrichen, as quoted above; the figure representing mainly the Pennsylvanian and the description the Mediterranean species. Schimper first (Synop. Musc. 1860) separated the two species, referring the European moss to *F. cal-*

carea, Wahl. (1806). Lindberg in his revision of Funariaceæ (1863), rejecting very properly Hedwig's "*Muhlenbergii*" as untenable on account of the want of a diagnosis, rejecting also the "*Muhlenbergii*" of Schwægrichen for obvious reasons, names the Pennsylvania species *F. Americana, Lindb.*, and the Mediterranean species *F. Mediterranea, Lindb.*, this last being the species referred by Schimper to *F. calcarea, Wahl.*, whose species according to Lindberg (spec. orig. compar.), is *F. Hibernica, Hook.*, of England.

TAB. 19. — FUNARIA AMERICANA.
1. Plantæ naturali magnitudine.
2. Planta cum gemma mascula.
3. Folia et sectio transversalis.
4. Areolatio foliorum.
5. Folium perichætiale cum archegonio.
6. Archegonium.
7. Capsula plena.
8. Capsula vacua sicca.
9. Peristomium.
10. Calyptra.
11. Operculum.
12, 13. Antheridium et paraphyses.

The following are all the species of *Funaria* at present known to occur in North America, together with their principal synonymes.

1. FUNARIA AMERICANA, Lindb. (1863), as described above.
2. F. MEDITERRANEA, Lindb. (1863) — *F. Muhlenbergii*, Schwægr Suppl. 1, 2, p. 78, tab. 66 (1816), exclus. icon. — *F. calcarea*, Schp. Synop. p. 320 (1860). *Hab.* Southern Europe, California, *Bolander, Bigelow.*
3. F. CALCAREA, Wahl. (1806), e Lindb. spec. comp. — *F. Hibernica*, Hook. & Tayl. Bryol. Eur.; Wils. Bryol. Brit.; Schp. Synop. Mus. etc. *Hab.* Europe, British America, *Drummond.*
4. F. SERRATA, Beauv. Handb. Bryol. Eur. *Hab.* Southern United States.
5. F. CALIFORNICA, Sulliv. & Lesqx. Musc. Exsicc. *Hab.* California, *Bolander.*
6. F. FLAVESCENS, Michx. *Hab.* Southern United States and along the coast northward.
7. F. HYGROMETRICA et var. CALVESCENS, auct. *Hab.* Everywhere; the var. mostly in the Southern United States.

SYRRHOPODON TEXANUS. *Sulliv.*

Tab. 20.

PLANTÆ cæspitosæ, inferne rufescentes, superne pallide vel amoene virides.

CAULIS simplex, quandoque innovatione ramosus, erectus vel ad basin curvatus.

FOLIA caulina, in sicco tortilia, humectata e basi amplectente latiori erecto-aperta longe lineari-lingulata, concavo-canaliculata, margine pellucido cellulis linearibus irregulariter ciliato-dentata; areolatione laminæ basilaris e cellulis amplis hyalinis quadratis vel oblongis, superioris minutissima subquadrata opaca papillulosa, costa valida tereti percurrente dorso spinulosa instructa; perichætialia e medio lineari-subulata, margine subintegra vel undulato-serrulata.

FLORES dioici? Planta mascula ignota.

CAPSULA in pedicello circiter pollicari subflexuoso-recto rufescente ovato-cylindrica, gracilis, ore contracto; operculo longe subulato recto; annulo prorsus nullo; peristomii dentibus brevibus robustis lanceolatis obtusis articulatis; calyptra cucullata majorem partem capsulæ tegente a medio ad apicem usque rugulosa.

SYRRHOPODON TEXANUS, Sulliv. Musc. et Hepat. United States, p. 103, e spec. steril.

HAB. San Marco, Texas, *Wright*, who first collected this Moss, but only in a sterile state. North Carolina; also in Jacksonvile, Florida, and Donaldsonville, Alabama, in fertile specimens, *Carl Mohr*.

The lamina of the leaves in this species is often greatly reduced, or even nearly obsolete, bearing at the apex a dense and roundish cluster of numerous oval or oblong, six or seven-articulated bodies, — a conformation quite analogous, however, to that of the leaves of *Aulacomnium palustre.*

TAB. 20. — SYRRHOPODON TEXANUS.
1. Plantæ *naturali magnitudine.*
2. Planta.
3. Folia caulina.
4. Folium perichætiale.
5, 6. Areolatio folii.
7. Ejusdem sectiones transversales.
8, 9. Apex folii cum cellulis incrassatis deformatis.
10. Capsula operculata et calyptrata.
11. Capsula vacua.
12, 13, 14. Operculum et calyptra.
15. Sectio transversalis partis superioris calyptræ.
16, 17. Pars peristomii.

POTTIA RIPARIA, *Aust.*

Tab. 21.

PLANTÆ late laxeque cæspitantes, fusco-virides, pusillæ.

CAULIS 2-4 lineas altus, simplex, basi tantum radiculosus.

FOLIA late oblonga vel subspathulata, brevi-acuta, plana, usque ad apicem grosse serratum valide costata, lævia, minute areolata, cellulis superne quadrato-rotundatis inferne longioribus æquilateralibus.

FLORES dioici? masc. ignoti.

CAPSULA in pedicello pertenui longe exserto oblonga vel anguste ovato-cylindrica, erecta vel subcernua; operculo cylindrico-conico mamillato; annulo lato duplici; columella longa emergente.

POTTIA RIPARIA, Aust. Musc. Appalach. No. 112.

HAB. On moist rocks, along streams, on the Palisades of Northern New Jersey and Southern New York; rarely fertile, *Austin*.

TAB. 21. — POTTIA RIPARIA.
1. Plantæ *naturali magnitudine*.
2. Planta.
3. Folia.
4. Sectio transversalis folii.
5. Ejusdem areolatio.
6. Capsula operculata.
7. Capsula vacua.
8. Capsula sicca cum pedicello dextrorsum et sinistrorsum torto.
9. Pars caulis, vaginula, et archegonia.
10. Columella et operculum.
11. Annulus.

TRICHOSTOMUM MACROSTEGIUM, *Sulliv.*

Tab. 22.

PLANTÆ gregariæ, brunneo-virides.

CAULIS brevis, lineas 3 haud excedens, gracilis, simplex.

FOLIA e basi longe pellucide ampliuscule areolata, vaginantia, superne dilatata et undulata, erecto-patentia, ovato-acuminata vel lanceolata; folia perichætialia longiora, margine flexuoso-involuta, omnia superne dense quadrato-areolata, apice plus minus serrata; costa valida percurrente.

FLORES dioici? Plantæ masc. ignotæ.

CAPSULA anguste cylindracea, curvula, inclinata; operculo longissime aciculari; peristomii dentibus longis leniter contortis atropurpureis papillosis filescenti-attenuatis; calyptra convoluta.

TRICHOSTOMUM MACROSTEGIUM, Sulliv. Musci Cubenses Wrightiani (1861), No. 24.

HAB. Mobile, Alabama, on dry sandy banks, *Carl Mohr*.

The distinguishing characters of this species are the sheathing bases of its leaves, particularly the perichætial; the remarkably long operculum, exceeding in length the slender, cylindrical, inclined and often horizontal capsule; and the finely attenuated apices of the teeth of the peristome.

TAB. 22. — TRICHOSTOMUM MACROSTEGIUM.
1. Plantæ *naturali magnitudine*.
2. Planta.
3. Folia caulina et perichætidia.
4. Sectio transversalis folii.
5. Ejusdem areolatio.
6, 7. Capsula operculata et deoperculata.
8, 9. Pars capsulæ peetristomii.
10. Calyptra.

DESMATODON PORTERI, *James.*

Tab. 23.

PLANTÆ cæspitantes, humillimæ, fusco-virides.

CAULIS 1 – 2 lineas altus, simplex vel innovante ramulosus.

FOLIA caulina conferta, erecto-patentia, ab infimis ligulatis gradatim amplexiora, late ovato-oblonga, acuta, margine erecta, superne limbo plus minus distincto circumducta; cellulis partis superioris (limbo excepto) minutissimis hexagono-rotundis valde opacis lunulatim papillosis, inferioris amplis oblongis diaphanis; costa valida cum vel sub apice desinente.

FLORES dioici: masc. gemmacei in plantis gracilioribus terminales vel innovatione laterales.

CAPSULA in pedicello 5 – 8-lineari erecta, cylindrica; operculo longiusculo crasso rostrato-obtuso; annulo spectabili; dentibus peristomii longiusculis leniter obliquatis sedecem usque ad membranam basilarem paululum emergentem bipartitis, cruribus filiformibus longis articulatis scabris hic illic anastomosantibus.

DESMATODON PORTERI, James, Mss.

HAB. On rocks, Easton, Pennsylvania, *T. C. Porter.*

This species is distinguished at first sight from its congeners by its leaves with erect and margined borders.

TAB 23. — DESMATODON PORTERI.

1. Planta naturali magnitudine.
2, 3. Planta masc. et fem.
4, 5. Folia caulina et perichætialia.
6, 7. Sectio transv. et areolatio folii.
8, 9. Capsula et operculum.
10, 11. Capsula vacua et ejusdem peristomium.
12. Operculum.
13. Pars peristomii cum annulo.
14. Gemma mascula, antheridium, et paraphysis.
15. Vaginula cum archegoniis.

LEPTOTRICHUM SCHIMPERI, Lesqx.

Tab. 24.

PLANTÆ laxe cæspitosæ, stramineo-virides, humiles.

CAULIS 1–2 lineas altus, erectus vel subinclinatus, simplex, basi tantum radiculosus.

FOLIA caulina erecto-patentia, flexuosa vel falcato-secunda, e basi ovato-lanceolata longe subulata, angusta, apice tantum denticulata; costa tenui vix totam subulam occupante; perichætialia late amplectentia, interna tubulosa, in subulam longissimam sensim attenuata.

FLORES monoici: masculi axillares e basi caulis ad apicem usque dispositi; gemmæ masculæ graciles.

CAPSULA in pedicello flavescente breviori vix ultrapollicari erecta, robusta, oblongo-cylindrica, brunnea; operculo elongato-conico obtusiusculo recto vel subobliquo; peristomii dentibus e membrana basilari latiuscula fugaci pulcherrime aurantiaca oriundis gracilibus pallide luteis linearibus irregulariter divisis basin versus laceratis vel pertusis trabeculatis nec articulatis; annulo simplici; sporis maximis.

LEPTOTRICHUM SCHIMPERI, Lesqx. Mem. Calif. Acad. 1, p. 9.

HAB. On the ground, Coast Range, near Mendocino City, California, *Bolander*.

This species is much like *L. pallidum*, *Hampe*. It is easily distinguished, however, by its greenish color, the shorter and broader capsule with shorter and thicker pedicel, and the erect obtuse operculum. The peristome is far different: the basilar membrane is broader and of a bright orange color; the leaves longer, etc.

TAB. 24. — LEPTOTRICHUM SCHIMPERI.

1. Plantæ *naturali magnitudine*.
2. Planta cum capsula et calyptra.
3. Folia caulina et perichætialia.
4. Folium caulinum.
5. Ejusdem sectio transversalis.
6, 7. Areolatio apicialis et basilaris folii.
8. Pars caulis cum floribus et vaginula.
9. Capsula operculata.
10. Pars peristomii, annulus, et sporæ.
11. Calyptra.
12. Gemma mascula.
13, 14. Folia perigonialia.
15. Antheridium et paraphysis.

ANŒCTANGIUM PECKII, *Sulliv.*

Tab. 25.

Anœctangio compacto proximum, distinguitur tamen: statura majore, foliis longioribus lingulato-lanceolatis sensim acutissimis supra basin perbrevem ovatam concavam subamplexantem leniter constrictis, dehinc plus minusve carinato-complicatis. Flores fem. et fruct. haud visi.

ANŒCTANGIUM PECKII, Sulliv. in C. F. Austin's Musci Appalach. No. 64.

HAB. Under overhanging rocks, Catskill Mountains, New York, *Peck*.

TAB. 25. — ANŒCTANGIUM PECKII.

1. Plantæ *naturali magnitudine*.
2. Planta.
3. Folia et eorumdem sectio transversalis.
4. Folium et areolatio ejusdem.
5. Gemma mascula, folium perigoniale, antheridium, et paraphysis.
6. Folium perigoniale.

BARTRAMIA MENZIESII, *Hook.*

Tab. 26.

Plantæ late laxeque cæspitosæ.

Caulis elatus, bi-tripollicaris et ultra, simplex vel parce innovante ramosus, ultra medium tomento radiculoso brunneus, superne amœne viridis.

Folia arcte imbricata, appressa vel subaperta, e basi cava plicata margine reflexa ovata lanceolato-subulata, dentata, nervo valido in subulam exeunte dorso scabra.

Flores dioici: plantæ fem. simplices, floribus innovando-lateralibus vel terminalibus gemmaceis.

Capsula in pedicello innovando-laterali semipollicari pallide rubello vel obscure straminco sinistrorsum torto erecta, late ovalis, æqualis, pallide rufescens; peristomii dentibus 16 lanceolatis irregulariter articulatis fusco-rubellis quandoque rudimentariis; operculo conico obtuso; foliis perichætialibus caulinis conformibus, perigonialibus e basi late ovata concava subito longe subulatis scabris; antheridiis curvatis fusco-luteis paraphysibusque numerosis filiformibus.

Bartramia Menziesii, Hook. Musc. Exot. t. 67; Bridel. Bryol. Univ. 2, p. 48; Schwægr. Suppl. 3, t. 260; Müller, Synop. 1, p. 505; Sulliv. et Lesqx. Musc. Exsicc. Amer. (ed. 2), No. 259.

Hab. California, *Bolander.* On shaded rocks in woods, the normal form; the variety on exposed dry rocks; common.

This species is very variable, according to its habitat. On dry exposed rocks the stems are shorter; the slightly shorter and narrower leaves are pressed against the stem when dry, and open-erect when moistened; the capsule is somewhat longer; the peristome is more generally deficient, or marked merely by a pellucid membrane, generally more or less irregularly lacerated. This variety, No. 260 of the Musci Exsiccati, put by mistake to No. 259, represents *Glyphocarpa Baueri*, Hampe. But it is not positively ascertained which of the two forms represents the true species of Hooker, as no author appears to have seen the peristome complete. The specimens in Taylor's herbarium have longer stems, and short oval capsules like the normal form, but no peristome, and therefore combine some of the characters of both forms.

TAB. 26. — BARTRAMIA MENZIESII.
1. Plantæ masc. et fem. *naturali magnitudine*.
2. Planta fertilis.
3. Folia caulina.
4. Areolatio foliorum.
5. Sectio transversalis folii.
6. Capsula cum vaginula et pedicello.
7. Capsula operculata.
8. Capsula sicca et vacua.
9, 10. Os capsulæ et peristomium.
11. Dens peristomii et sporæ.
12. Calyptra.
13. Operculum.
14. Folium perigoniale cum paraphysibus et antheridio.

BRAUNIA CALIFORNICA, *Lesqx.*

Tab. 27.

PLANTÆ laxe cæspitosæ, brunneæ vel fusco-luteæ, robustæ.

CAULIS primarius decumbens, valde diverse ramosus; ramis erectis julaceis elongatis 2 – 3-pollicaribus apice incrassatis inferne radiculosis simplicibus vel innovante ramosis, ramulis brevibus rarius flagelliferis.

FOLIA in sicco appressa, humido aperta, reflexa, ad apicem ramorum subsecunda, e basi semi-amplectente subdecurrente oblongo-ovata lanceolata, pellucide acuminata vel acumine longiori flexuoso lævi pilifera, enervia, margine reflexa; areolatione basilari marginali quadrata, mediana æquilaterali longiori oblonga, superiori fusiformi elongata, utraque pagina præcipue externa papillosa.

FLORES monoici: masc. et fem. crassiusculi, laterales: folia perichætialia ovato-lanceolata, acuta, breviora, raro pellucide breviacuminata.

CAPSULA in pedicello semipollicari pallide luteo dextrorsum torto erecta, turbinata, apophysata, vix dilatata, nuda, sicca costato-plicata; operculo conico obtusiusculo recto.

BRAUNIA CALIFORNICA, Lesqx. Trans. Amer. Phil. Soc. 13, p. 8; Sulliv. et Lesqx. Musc. Exsicc. Amer. (ed. 2), No. 226.
HEDWIGIA PILIFERA? Mitten, Proc. Linn. Soc. (1864), p. 45.

HAB. On metamorphic rocks in the mountains of California; abundant on Monte Diablo up to 3,000 feet; very variable in aspect. *Bolander.*

"This species does not fall naturally into any of the genera of Schimper's *Hedwigiaceæ*, viz. *Hedwigia*, *Hedwigium*, and *Braunia*. It resembles *Hedwigia* by the long diaphanous points of the leaves; it has the short plicate capsule of *Hedwigium* and pretty much its calyptra and operculum; it has the long pedicel of *Braunia* only, which differs by its long, smooth, elliptical capsule, the long operculum and calyptra, the entirely opaque leaves, the stolons, etc. It has more of the characteristics of *Hedwigium* than of the other two, but, as said above, it does not agree well with either of the three genera." — *Sullivant, MSS.*

TAB. 27. — BRAUNIA CALIFORNICA.
1. Plantæ *naturali magnitudine*.
2. Pars caulis.
3, 4. Folia, eorundem areolatio, et sectio transversalis.
5. Capsula operculata.
6. Capsula vacua sicca.
7, 8. Capsula immatura et calyptra.
9. Operculum et calyptra lacerata.
10. Operculum.
11. Flos masc. cum antheridiis et paraphysibus.
12. Flos fem. cum folio perichætiali.

CONOMITRIUM HALLIANUM, Sulliv. & Lesqr.

Tab. 28.

PLANTÆ perpusillæ, laxissime cæspitantes, complanato-fluitantes, sordide virides.

CAULIS subuncialis, filiformis, gracillimus, parce ramosus.

FOLIA remota, 5–10-juga, lineari-elongata, integerrima, ascendendo majora, superiorum lamina apicali duplicaturam triplo superante, costa sub apice desinente; cellulis majoribus ovato-angulosis.

FLORES monoici; masculi et feminei in ramis elongatis foliatis terminales.

CAPSULA modice pedicellata, ovali-oblonga, platystoma; operculo conico-rostrato subinclinato capsula vix breviore; peristomii dentibus longiusculis lanceolato-subulatis sine linea divisurali demisse insertis; calyptra parvula conica uno latere fissa.

CONOMITRIUM HALLIANUM, Sulliv. & Lesqx. in Aust. Musci Appal. No. 108.

HAB. On decayed wood in a well, Illinois, *E. Hall*, fertile. On shaded rocks, New Jersey, *Austin*, sterile.

The teeth of the peristome have no axial lines. They are composed of orange-yellow layers on the exterior, and of golden yellow in the interior.

TAB. 28. — CONOMITRIUM HALLIANUM.
1. Plantæ *naturali magnitudine*.
2. Plantæ.
3, 4. Folia.
5, 6. Sectio tran-versalis folii et ejusdem areolatio.
7, 8. Capsulæ.
9. Calyptra.
10. Pars caulis et flos masc. terminalis.
11. Folia perigonialia et antheridium.
12. Pars peristomii cum dentibus et sporis.

FISSIDENS CLOSTERI, *Austin.*

Tab. 29.

PLANTÆ gregariæ, perpusillæ, virides, acaules; gemmis masculis aut singulis aut cum femineis basi radiculiferis unitis.

FOLIA perichætialia inferiora minima, late-ovata, obtuse breviacuminata; superiora duplo triplove longiora, lamina apicali duplicaturam subovalem æquante lanceolata nervo valido infra apicem evanido instructa; areolatione æquali ovato- vel oblongo-quadrata. Folia caulina vix ulla.

CAPSULA in pedicello crasso sat longo angusta, obovata, longe operculata; operculo conico-rostrato; calyptra conica operculum tegente; peristomii dentibus longis reflexis; annulo indistincto vix ullo.

FISSIDENS CLOSTERI, Austin in Bull. Torrey Bot. Club, 5, p. 21 (1874).

HAB. On the ground, near Closter, New Jersey, *Austin.*

TAB. 29. — FISSIDENS CLOSTERI.
1. Plantæ *naturali magnitudine.*
2, 3. Plantæ fructiferæ.
4. Pars plantæ cum gemma mascula.
5. Folia perichætialia superiora.
6. Folium radicale.
7. Areolatio foliorum.
8. Capsula operculata et calyptrata.
9. Capsula vacua.
10. Operculum.
11. Calyptra.
12. Dens peristomii et sporæ.
13. Gemma mascula.
14. Antheridium et folium perigoniale.

FISSIDENS VENTRICOSUS, *Lesqr.*

Tab. 30.

PLANTÆ robustiores, laxe lateque cæspitantes, nigricantes, innovationibus junioribus apice tantum atro-viridescentes.

CAULIS ultrapollicaris, e basi divisus, divisionibus simplicibus vel parce ramosis.

FOLIA multijuga, conferta, erecto-aperta, linguæformia ; lamina duplicaturam dilatatam vix æquans, plerumque brevior, linearis, obtusiuscula, brevi-apiculata, margine crasso plerumque cum costa valida in apiculum muticum confluente, vel sub apice cum costa rarius evanido; areolatione quadrato-subrotunda minutissima.

FLORES dioici ; utriusque sexus terminales.

CAPSULA vix exserta, erecta, anguste ovalis, in pedicello brevi crasso defluente obscure viridis ; peristomii dentibus erectis longioribus grosse articulatis versus apicem fibrillis spiralibus elateres Hepaticarum simulantibus conformatis ; sporis ovalibus majoribus ; operculo conico brevi.

FISSIDENS VENTRICOSUS, Lesqx. Mem. Calif. Acad. 1, p. 7.

HAB. On submerged rocks near Mendocino City, California, *Bolander.*

TAB. 30.—FISSIDENS VENTRICOSUS.
1. Plantæ masc. et fem. *naturali magnitudine.*
2. Planta fructifera.
3, 4. Planta mascula et folia ejusdem.
5. Folia plantæ femineæ.
6, 7. Areolatio et sectio transversalis foliorum.
8, 9. Capsula cum operculo et calyptra.
10. Pars peristomii et ejusdem dentes.
11. Operculum.
12. Antheridium et folium perigoniale.

FISSIDENS DECIPIENS, *De Not.*

Tab. 31.

Statura et characteribus nudo oculo perspicuis inter *F. taxifolium* et *F. adiantoidem* medium tenet. A priori margine laminarum latiori, costa sub apice evanida (non excurrente), perichaetiis e medio caulis; a posteriori inflorescentia dioica differt.

FISSIDENS DECIPIENS, De Not. Epil. della Briol. Ital. p. 479.

HAB. Clay banks in woody hills, Southern Ohio, etc.

This form is generally found in the Eastern United States, and has been collected by most of the bryologists of this country. But it has always been referred, according to its size, either to *F. adiantoides* or especially to *F. taxifolius*, which it most resembles.

TAB. 31. — FISSIDENS DECIPIENS.
1. Plantæ fem. et masc. *naturali magnitudine*.
2. Planta fertilis cum capsulis.
3. Planta masc. cum gemmis.
4. Folia.
5. Areolatio foliorum et sectio transversalis eorumdem.
6. Perichætium et folium perichætiale.
7. Capsula operculata.
8. Dentes peristomii.
9. Calyptra.
10. Gemma mascula, antheridium, et folium perichætiale.

ZYGODON CALIFORNICUS, *Hampe*.

Tab. 32.

PLANTÆ laxe, late cæspitosæ, inferne tomento radiculoso brunneo-ferrugineæ, superne amœne virides.

CAULIS ultrapollicaris, parce innovante ramosus, mollis vel flaccidus.

FOLIA caulina in sicco crispata, humefacta erecto-patentia, anguste lanceolata vel lineari-lanceolata, longe acuminata, plicato-canaliculata, margine plano integra, apicem versus tantum remote denticulata: costa valida cum apice evanida; versus basin cellulis latis rectangularibus pallidis, superne cellulis minoribus opacis quadratis haud incrassatis areolata.

FLORES dioici: planta masc. in iisdem cæspitibus intermixta femineis validior, simplex vel sub floribus innovatione ramosa; gemmis masc. pentaphyllis; foliis perigonialibus internis ovato-lanceolatis acutis denticulatis concavis; antheridiis numerosis paraphysibusque brevibus paucis.

CAPSULA in pedicello crassiusculo purpurascente brevi arcuato exserta, inclinata, parva, obovato-urceolata, sulcata, gymnostoma.

ZYGODON CALIFORNICUS, Hampe in litt.; C. Müller, Bot. Zeit. 1862, p. 364; Lesqx. Trans. Amer. Phil. Soc. 13, p. 6; Sulliv. et Lesqx. Musc. Exsicc. Amer. No. 172.

HAB. Ad rupes umbrosas Californiæ, *Bolander*.

TAB. 32. — ZYGODON CALIFORNICUS.

1. Plantæ masc. et fem. *naturali magnitudine*.
2. Pars caulis cum capsula et foliis superioribus.
3. Folia caulina.
4, 5. Eorundem areolatio et sectio transversalis.
6. Capsula operculata et vaginula.
7, 8. Capsula deoperculata et sicca.
9. Calyptra.
10. Gemma mascula.
11. Antheridium et paraphysis.
12. Operculum.

DICRANUM DRUMMONDII, *Müller.*

Tab. 33.

PLANTÆ dense lateque cæspitantes, superne amœne virides, inferne tomento compacto ferrugineæ.

CAULIS robustus, elatus, 2 - 6-pollicaris, innovationibus erectis ramosus.

FOLIA caulina undique patentia, recurva et sursum curvata vel secunda, siccitate apice tortilia, e basi oblonga longe lanceolato-subulata, falcata, convoluto-canaliculata, superne cellulis minutis, illis baseos subauriculatæ ampliatis oblongo-rotundis rufulis, nervo applanato pro foliorum latitudine angusto excurrente vel cum apice evanido parce undulata, apicem versus denticulata, dorso papilloso exasperata.

FLORES pseudo-dioici; gemmis masculis in tomento nascentibus.

CAPSULÆ in pedicellis brevibus aggregatæ, cylindricæ vel oblongo-cylindricæ, arcuatæ, basi subventricosæ; foliis perichætialibus in cylindrum convolutis plus minus subito longe et anguste subulatis; operculo longe-rostrato; dentibus peristomii irregulariter bifidis; annulo conspicuo simplici.

DICRANUM DRUMMONDII, Müller, Synop. Musc. 1, p 356, and in Sulliv. Mosses U. S. p. 23 (1856).
DICRANUM UNDULATUM, var. foliis angustioribus subtortuosis, Drummond, Musc. Amer. 1, No. 86 (1828).
DICRANUM ROBUSTUM, W. P. Schimper, Synop. Musc. Eur. p. 94 (1860); non Wils. Bryol. Eur. t. 24.
DICRANUM DRUMMONDII, Sulliv. & Lesqx. Musc. Exsicc. Amer. (ed. 1), No. 69 et ed. 2, No. 88.

HAB. Pine woods, Lake Superior, *Agassiz.* — White Mountains, Penn Yan, Catskill Mountains, etc.

To Mr. Wilson belongs the credit of having first ascertained and stated (in Hooker's Journal of Botany, 3, p. 436, 1841) that this moss was a distinct and new species.

TAB. 33. — DICRANUM DRUMMONDII.

1. Planta naturali magnitudine.
2. Folia caulina.
3. Sectio transversalis folii.
4. Areolatio baseos et apicis ejusdem.
5. Folium perichaetiale.
6. Capsulae operculatae.
7. Capsula sicca.
8. Pars peristomii cum dentibus et annulo.
9. Operculum.
10. Calyptra.

BRYUM NUDICAULE, Lesqr.

Tab. 34.

PLANTÆ compacte cæspitosæ, inferne brunneæ, superne virentes.

CAULIS versus basin radiculosus, subpollicaris, gracilis, simplex vel raro ex apice innovans, a basi ad medium et ultra nudus.

FOLIA comantia dense conferta, erecta, ovato-lanceolata, breviacuta, nervo valido sub apice evanido carinato-concava, margine semi-revoluta, subintegra vel apicem versus obsolete denticulata ; floralia intima breviora, denticulata ; caulina infima minima, late ovata, brevi-acuminata, valde dissita.

FLORES dioici : plantæ antherigeræ graciliores inter cæspites copiosæ.

CAPSULA in pedicello vix semipollicari valde flexuoso apice cygneo horizontalis vel pendula, obovata, subventricosa, in collo brevi sensim attenuata, ore haud vel vix constricta, pachydermis, fusca; peristomii interni dentibus liberis angustis elongatis sæpius laciniis irregularibus summo connexis, ciliis nullis interpositis ; operculo convexo-conico mamillato ; annulo pallido composito revolubili.

BRYUM NUDICAULE, Lesqx. Mem. Cal. Acad. 1, p. 21.

HAB. Mount Dana, in the Sierra Nevada, California, *Bolander*.

Though the plant is truly dioecious, free antheridia are also found sometimes in the axils of the perichætial leaves. The capsule is rarely symmetrical, generally slightly inflated on the lower side. The areolation of the leaves is that of a *Webera*, but short and broad. This species differs essentially from *Bryum Drummondii*, C. Müller, by the absence of ciliola and the presence of an annulus.

TAB. 34.— BRYUM NUDICAULE.
1. Plantæ masc. et fem. *naturali magnitudine*.
2. Planta fertilis.
3. Pars plantæ masculæ.
4. Pars caulis et vaginula.
5. Folia comantia et caulina cum sectione transversali.
6. Areolatio foliorum.
7. Capsula in pedicello.
8. Capsula vacua.
9. Operculum.
10. Dentes peristomii et sporæ.
11. Antheridium et folium perigoniale.

MNIUM UMBRATILE, *Mitten.*

Tab. 35.

PLANTÆ gregariæ vel laxe cæspitantes, obscure virides. CAULIS simplex, erectus, pollicaris et ultra, inferne radiculosus. FOLIA caulina inferiora breviora, oblongo-lanceolata, plus minusve acuta, marginata; superiora oblongo-elliptica, breviapiculata, basi longe decurrentia, marginibus breviter duplicatoserrata, nervo valido percurrente; cellulis omnibus quadratorotundatis, parietibus crassiusculis; perichætialia, interiora breviora, lanceolata; exteriora lineali-elongata, caulina angustiora et longiora.

FLORES dioici, utriusque sexus terminales.

CAPSULA in pedunculo pallide rubro subflexuoso oblongocylindracea, basi sensim in pedicello defluens, curvata vel horizontalis; operculo conico rostellato pallido; cæterum *M. serrato* simillimum.

MNIUM UMBRATILE, Mitten in Proc. Linn. Soc. 8, p. 30.

HAB. Mountain rocks, Portage River, *Drummond.* Galton Mountains, British Columbia, *Lyall.*

TAB. 35. — MNIUM UMBRATILE.
1. Plantæ naturali magnitudine.
2. Planta cum capsula.
3. Pars caulis cum foliis decurrentibus.
4. Folium caulinum comale.
5. Folia perichætialia externa.
6. Folium perichætiale internum.
7. Sectio transversalis folii.
8. Areolatio foliorum.
9. Capsulæ plenæ et vacuæ cum operculo.
10. Particula peristomii.

MNIUM VENUSTUM, *Mitten.*

Tab. 36.

PLANTÆ elatæ, formosæ, superne dense foliosæ, amœne pallide virides.

CAULIS erectus, rigidus, bipollicaris, simplex vel semel dichotome ramosus.

FOLIA humectata patentia vel comalia erecto-patentia, late elliptica, acuminata, nervo valido excurrente cuspidata, margine argute dentata; perichætialia cuspidata, interiora angusta, lanceolata.

FLORES synoici, terminales; antheridiis crassioribus et paraphysibus filiformibus.

CAPSULA in pedicello elongato ultrapollicari inclinata vel subpendula, oblonga, macrostoma, papillosa, basi poris pluribus cellulis intensius coloratis circumductis quasi apophysata; operculo plano-conico brevi acuminato; annulo lato simplici.

MNIUM VENUSTUM, Mitten in Hook. Jour. Bot. 8, p. 231.

HAB. West coast of North America, *Douglas.* California, *Bolander.*

In size, color, and general appearance, this species is like *M. cuspidatum;* but the leaves are more acuminate and more rigid, the capsule longer, with a band of colored stomata at its base, resembling an apophysis.

TAB. 36. — MNIUM VENUSTUM.

1. Planta naturali magnitudine.
2. Planta
3, 4. Folia.
5. Areolatio folii.
6. Capsulæ.
7. Particula peristomii.
8. Antheridium, archegonium, et apophysis.
9. Operculum.

MNIUM INSIGNE, *Mitten.*

Tab. 37.

PLANTÆ elatæ, robustæ, speciosæ, luteo-virides.

CAULIS simplex, fertilis erectus, remote foliosus.

FOLIA oblonga, nervo excurrente cuspidata, margine colorato serrata, basi gradatim angustata longe lateque decurrentia; perichætialia exteriora longiora, interiora brevia, subulata, angusta.

FLORES dioici, terminales ; masculi anthoidei.

CAPSULA longe pedunculata, solitaria, vel 3–4 aggregatæ, ovata vel cylindrica ; operculo conico-obtusiusculo.

MNIUM INSIGNE, Mitten in Hook. Jour. Bot. 8, p. 230.

HAB. North America, *Menzies, Drummond, Douglas*, etc.

The author remarks " that this fine species differs from *M. affine*, Bland, in its longer and narrower leaves, which are widely decurrent at their base, the leaves in *M. affine* being narrowed to a base not wider than the stem, and not at all decurrent." The first assertion concerning the size of the leaves, which are proportionally longer and narrower, is quite correct ; but in *Mnium affine* the leaves are always more or less decurrent. It is therefore difficult to consider this form as a distinct species, and to separate it from the very variable *Mnium affine*.

TAB. 37.— MNIUM INSIGNE.

1. Planta fem : *naturali magnitudine.*
2. Planta fertilis.
3. Folia caulina.
4. Folium perichætiale internum.
5. Areolatio foliorum.
6. Capsulæ.
7. Particula peristomii et annuli.
8. Operculum.
9. Flos masculus cum antheridiis et paraphysibus.

ATRICHUM PARALLELUM, *Mitten.*

Tab. 38.

PLANTÆ laxe cæspitosæ, atro-virides.

CAULIS simplex, vix pollicaris, durus, rectus.

FOLIA erecto-aperta, superiora lingulato-lanceolata, inferne cellulis oblongis superne rotundatis areolata, ultra basin subintegerrimam lævem argute dentata, dorso laminis dentiformibus nervo lamellato percurrente parallelis, nervo etiam dorso lamellis circiter tribus serratis carinato: folia inferiora oblonga, breviora, obtusiora; perichætialia e basi oblonga convoluta, sensim angustata, lanceolata.

FLORES dioici: masculi in plantis gracilioribus terminales, antheoidei.

CAPSULA in pedicello elongato cylindracea, curvata, sub ore coarctata, basin versus ventricosa.

ATRICHUM PARALLELUM, Mitten in Proc. Linn. Soc. 8, p. 48.

HAB. Grande Côte, Rocky Mountains, *Drummond*, mixed with the following species.

Size and habit of *A. undulatum*, L., but capsules more ventricose below. The parallel disposition of the tooth-like processes on the back of the leaves and the cristate nerve suffice to distinguish this species from *A. undulatum*, with which it was confounded by Drummond.

TAB 38. — ATRICHUM PARALLELUM.

1. Plantæ masculæ et femineæ naturali magnitudine.
2. Pars caulis cum foliis.
3. Folium caulinum.
4. Ejusdem sectio transversalis.
5. Areolatio apicialis folii.
6, 7. Capsula plena et vacua, sicca.
8. Pars peristomii.
9. Flos masculus, folium perigoniale, antheridium, et paraphysis.

OLIGOTRICHUM ALIGERUM, *Mitten.*

Tab. 39.

PLANTÆ gregariæ vel laxe cæspitosæ, nigricantes, versus basim radicantes.

CAULIS pollicaris, erectus, subflexuosus, gracilis.

FOLIA patula, cellulis quadrato-rotundatis distinctis viridibus areolata, a basi paululum latiore brevi-oblonga lævi integerrima lanceolata, obtusiuscula, brevi-dentata, dorso lamellis dentatis longitudinalibus alata; nervo percurrente lamellato, etiam lamellis circiter quinis dentatis carinata; folia perichætialia caulinaque perichætium versus e basi obovata vaginante erecta, cellulis elongatis pellucidis areolata, subulata, angustiora, cæterum caulinis similia.

FLORES dioici: plantæ masculæ breviores, e floris centro prolificantes.

CAPSULA in pedicello elongato subflexuoso cylindracea, inferne ventricosa, subcurvata, papillosa, peristomii dentibus e membrana valde emersa oriundis; calyptra apice pilis paucis hirta.

OLIGOTRICHUM ALIGERUM, Mitten in Proc. Linn. Soc. 8, p. 48.

HAB. Grande Côte, Rocky Mountains, *Drummond.*

In size and general appearance this is like *O. Hercynicum*; but the leaves are narrower and more crisped when dry. The presence of the lamellæ on the under side of the leaf itself, as well as upon both sides of the nerve, is remarkable and peculiar.

TAB. 39. — OLIGOTRICHUM ALIGERUM.

1. Plantæ masculæ et femineæ naturali magnitudine.
2. Planta feminea.
3. Planta mascula.
4. Folia.
5. Eorundem sectio transversalis.
6. Areolatio folii cum lamellis.
7, 8. Capsulæ.
9, 10. Peristomium; membrana et dentes ejusdem.
11. Calyptra.
12. Flos femineus, folium perigoniale, antheridium, et paraphysis.
13. Folium perigoniale.

OLIGOTRICHUM LYALLII (*Mitten*), *Lindb.*

Tab. 40.

PLANTÆ cæspitosæ, fusco-luteæ, robustæ.

CAULIS e medio fastigiato-ramosus, plicatus, basi nudus, superne dense foliosus, bipollicaris et ultra.

FOLIA e basi oblonga latiore amplexante lanceolata, patentia, sensim acutata, lamellis obtecta, marginibus incurvis a medio usque ad apicem serrata, dorso convexa, lævia, aut in superioribus pauci-dentata; perichætialia interna basi longiora, convoluta, apice breviori.

FLORES masculi ignoti.

CAPSULA in pedunculo elongato flexuoso rubello suboblonga, inferne ventricosa, inclinata vel suberecta, supra biplicata, spatio intermedio concava, infra irregulari-convexa, basi plicata, rugosa, sub ore contracta; operculo subuli-curvi-rostrato; calyptra fugaci pilis paucis brevibus appressis, uno latere fissa.

POLYTRICHADELPHUS LYALLII, Mitten, Proc. Linn. Soc. 8, p. 49; Sulliv. et Lesqx. Musc. Exsicc. Amer. No. 322.
OLIGOTRICHUM LYALLII, Lindb. Polytrichoid. p. 102.

HAB. British Columbia, *Lyall.* Rocky Mountains in pine woods, *Hall.* High mountains of California, *Bolander.*

TAB. 40. — OLIGOTRICHUM LYALLII.
1. Plantæ naturali magnitudine.
2. Planta fertilis.
3. Folia caulina, eorundem areolat'o et sectio transversalis.
4. Folium perichætiale.
5. Apex folii perichætialis.
6. Capsula operculata.
7. Capsula cum peristomio.
8. Capsula vacua.
9. Sectio transversalis ejusdem.
10. Dentes peristomii.
11. Calyptra et pili.

POGONATUM DENTATUM, *Menzies*.

Tab. 41.

A *P. capillari*, cui simillimum, tantum differt, caule robustiori ramoso, capsula longiori, foliorum dentibus longioribus antrorsum curvatis, perichaetialibus numerosis 5-6 erectis e basi ovata longiori lanceolato-linearibus longe cuspidatis, perigonialibus brevioribus, et al.

POGONATUM DENTATUM, Menzies, Trans. Linn. Soc. 4, p. 80 (1797); Schwaegr. Suppl. 1, 2, p. 321; Suppl. 2, 2, Fasc. 1, p. 11, 9.

HAB. Alaska, *Bischoff*.

From comparison of specimens received from Hampe, representing the true *P. dentatum* of Menzies, and which exactly correspond to Schwaegrichen's figures from original specimens of Menzies, it is evident that this species is closely related to *P. capillare*, Michx., if not a mere form of the same.

TAB. 41. — POGONATUM DENTATUM.
1. Plantae femineae *naturali magnitudine*.
2. Planta mascula.
3. Folium caulinum.
4. Folia perichaetialia.
5. Sectiones transversales folii.
6. Areolatio apicialis ejusdem.
7, 8. Dentes et lamellae folii.
9. Areolatio basilaris ejusdem.
10. Capsula calyptrata.
11, 12. Capsula cum operculo.
13, 14. Peristomium et dentes ejusdem.

POGONATUM CONTORTUM, *Menzies.*

Tab. 42.

PLANTÆ plus minusve elatæ, 1–6-pollicares, gregariæ vel laxe cæspitantes, glauco virides, inferne fusco-brunneæ, sola basi radicantes.

CAULIS simplex vel sub perichætio innovans, laxe foliosus, erectus.

FOLIA erecto-patentia, sicca tortilia, lineari-lanceolata, concava, toto margine cum basi superiori vaginante argute serrata, nervo obscuriori ad apicem perdurante crassiusculo dorso superne parce dentato: folia perichætialia caulinis similia.

FLORES dioici: plantæ masculæ e floris centro prolificantes, perigonialibus late ovatis acuminatis; paraphysibus filiformibus.

CAPSULA in pedicello elongato subflexuoso ovato-cylindrica, subcurvata, erectiuscula, vacua sub ore coarctata; peristomii dentibus e membrana basilari valde emersa oriundis; operculo e basi convexa rostellato; calyptra capsulæ basin tegente.

POGONATUM CONTORTUM, Menzies, Trans. Linn. Soc. 1797; Schwægr. Suppl. 1, 2, p. 325, t. 96.
POGONATUM DENTATUM, Lesqx. in Mem. Cal. Acad. 1, p. 27, non Menz.

HAB. Pine woods of N. W. America, *Menzies.* Clay banks in dense shade of Redwoods near Crescent City, *Brewer* (1866), who rediscovered it for the first time since Menzies. Oregon, *E. Hall,* 1871.

TAB. 42. — POGONATUM CONTORTUM.

1. Plantæ masculæ et femineæ naturali magnitudine.
2. Pars plantæ cum foliis siccitate tortilibus.
3. Folium caulinum et ejusdem areolatio basilaris.
5. Areolatio apicialis folii.
6. Ejusdem sectiones transversales cum lamellis.
7. Capsulæ operculatæ.
8. Capsula vacua.
9. Sectio transversalis capsulæ.
10. Peristomium.
11. Sectio longitudinalis oris capsulæ.
12. Dentes peristomii.
13. Calyptra.
14. Flos masculus, antheridium, et paraphysis.

ORTHOTRICHUM CONSIMILE, *Mitten*.

Tab. 43.

PLANTÆ pusillæ, laxe cæspitosæ, flavo-virides, basi plus minus fuscescente radiculosæ, inter *O. pulchellum* et *O. cylindrocarpum* quasi ludentes.

CAULIS 3 - 4 lineas altus, simplex vel parce ramosus.

FOLIA conferta, madida recurvo-patentia, mollia, e basi ovali vel ovali-suboblonga gradatim lineali-lanceolata, sulcato-carinata, subcontinuo-costata, marginibus revoluta, humilius papillosa, retis subdiaphani cellulis basilaribus rectangulis, superioribus rotundatis; perichætialia suberecta, angustiora.

FLORES monoici: masculi primum vero terminales, deinde sæpius pseudo-laterales, gemmaceæ, rubescentes; antheridiis paraphysatis.

CAPSULA ovalis vel suboblongo-ovalis, in pedicello ipsam superante exserta, 8-striata, cellulis striarum intense luteis distincte limitatis pachydermicis, intermediis tenuibus multo minoribus; sicca 8-costata, urceolata, stomatibus immersis; peristomii dentibus elongato-lanceolatis basi per paria connatis 7 - 8-articulatis pallide luteis utraque facie minutissime papillosis; ciliis 8 dentes longitudine æquantibus e basi expansa subulatis lævibus; operculo basi rubro-cincto depresso-conico apiculato; calyptra modice ramentosa.

ORTHOTRICHUM CONSIMILE, Mitten in Proc. Linn. Soc. 8, p. 24.

HAB. On trees, Vancouver Island, *Lyall*.

This species resembles some small forms of *Orthotrichum pulchellum*; but its capsule is shorter, the teeth of its peristome are not vermiculate on their inner face, the cilia are only eight and are entirely smooth, and the leaves are uniformly papillose. From *O. cylindrocarpum* it is distinguished by its shorter capsule and longer pedicel, and by the softer and longer as well as narrower and taper-pointed leaves.

TAB. 43. — ORTHOTRICHUM CONSIMILE.
1. Plantæ *naturali magnitudine*.
2. Pars caulis.
3, 4, 5. Folia, corumque areolatio et sectio transversalis.
6. Capsula madefacta cum pedicello et vaginula.
7. Capsula sicca.
8. Peristomii dentes et cilia.
9. Stoma cum areolis capsulæ.
10. Gemma mascula et antheridium.
11. Calyptra.

ORTHOTRICHUM CUPULATUM, var. MINUS.

Tab. 44.

A forma typica recedit, statura duplo fere minore, colore atro-viridi nullo rubidine suffuso, foliis laxiusculis angustioribus sublingulato-lanceolatis paulo amplius areolatis, capsula 8-striata, peristomii dentibus sordide albescentibus punctulatis vel punctulato-striolatis, basi externa haud lamelloso-appendiculatis intus magis ramulosis, calyptra breviore, vaginula copiose paraphysophora, et al.

ORTHOTRICHUM LÆ CURII, Austin, Musci Apalach. No. 163.

Varietates aliae O. cupulati, species quam maxime polymorphae, sequuntur, viz:—

Var β Peckii; capsula subovata 8-striata: peristomii dentibus punctulato-striolatis basi exappendiculatis; calyptra eximie pilosa.

ORTHOTRICHUM PECKII, Sulliv. & Lesqx. in Musci Apalach. No. 162; O. cupulatum? Drummond, Musc. Amer. Coll. 2, No. 81.

Var γ Porteri; capsula 8- raro 16-striata oblongo-subovata longius pedicellata; peristomii dentibus punctulatis basi haud appendiculatis.

ORTHOTRICHUM PORTERI, Sulliv. & Lesqx. in Musci Apalach. No. 161.

Var δ parvulum; statura minore: capsula 8-striata: peristomii dentibus striolatis basi exappendiculatis; foliis angustioribus.

ORTHOTRICHUM PARVULUM, Mitten, Proceed. Linn. Soc. 8, p. 25. ORTHOTRICHUM STURMII, ex parte, Sulliv. & Lesqx. Musc. Ex-icc. Amer. (ed. 1), No 117.

HAB. Dry shaded rocks, Northern New Jersey and Southern New York (the var. ε minus), *Austin.* Var. β, New York, *Peck.* Var. γ, Pennsylvania, *Porter.* Var. δ, New Mexico, *C. Wright.*

Typical specimens of *O. cupulatum*, Hoffm., from Tennessee, are given in Sullivant & Lesquereux's Musci Exsiccati Americani: and also from British America in Drummond's Musci

Americani. In the var. β and γ, as in that under notice, the lamellar appendages at the exterior base of the teeth of the peristome are absent, and the markings of the teeth themselves are quite different from those in the type.

In much the larger number of species of *Orthotrichum*, the markings of the teeth peculiar to each species are constant and afford reliable distinctive characters. In a few species, however, such as *O. rupestre*, *O. urnigerum*, and *O. cupulatum*, this constancy (at least in American forms) does not prevail.

TAB. 44. — ORTHOTRICHUM CUPULATUM, var.
1. Plantæ *naturali magnitudine*.
2. Planta cum capsula.
3, 4, 5. Folia, eorumdem areolatio et sectio transversalis.
6. Pars caulis cum capsula et floribus masculis.
7, 8. Capsula operculata, eademque vacua.
9. Operculum.
10. Peristomii dentes.
11. Gemma mascula, antheridium, et paraphysis.
12. Calyptra.
13. Areolatio capsulæ.

ORTHOTRICHUM HALLII, *Sulliv. & Lesqr.*

Tab. 45.

PLANTÆ pusillæ, in pulvinulis laxiusculis luteo-viridibus vel pallide fuscis degentes.

CAULIS vix pollicaris, e basi innovante ramosus, vel subsimplex.

FOLIA patula, lineali-lanceolata, obtusiuscule acuta, carinato-costata, margine a basi ad medium usque revoluta, superne cellulis rotundis bistromaticis valde papillosis dense areolata, inferne cellulis ovalibus elongatis laxius texta; perichætialia erecta, conformia, vix longiora.

FLORES monoici: masculini axillares, antheridiis brevioribus, paraphysibusque longioribus gracilibus.

CAPSULA subimmersa, ovalis, sicca et vacua prominenter 8-costata, ore subdilatata, pedicello brevi crassiusculo; vaginulæ pilosæ tubo adauctrice amplo pedicellum totum vestiente; calyptra subpilosa magna capsulam usque ad collum tegente; operculo conico-apiculato; peristomii dentibus albidis per paria approximatis vermiculatis; ciliis gracilioribus fugacibus duplici serie cellularum exstructis; capsulæ stomatibus immersis.

ORTHOTRICHUM HALLII, Sulliv. & Lesqx. ined.

HAB. On trees, Rocky Mountains of Colorado, *Elihu Hall.*

TAB. 45. — ORTHOTRICHUM HALLII.

1. Plantæ *naturali magnitudine.*
2. Pars plantæ cum capsula operculata.
3. Folia.
4. Sectiones transversales foliorum.
5. Sectio transversalis partis superioris folii.
6. Capsula madida operculata.
7. Capsula calyptrata.
8. Capsula sicca et vacua.
9. Areolatio basilaris et apicialis folii.
10. Pars peristomii.
11. Cilium.
12. Stoma et capsulæ areolatio.
13. Gemma mascula.
14. Antheridium et paraphysis.

ORTHOTRICHUM BOLANDERI, *Sulliv.*

Tab. 46.

Plantæ cæspitosæ, e basi parce ramosæ, atro-virides.

Caulis subpollicaris, crassus, dense foliosus.

Folia arcte imbricata, madida recurvo-patentia, oblongo-lanceolata, obtusiuscule acuta, basim versus tantum margine reflexa, humile papillosa: areolatione superne e cellulis subrotundis bistromaticis densis, versus basim ovalibus laxioribus composita.

Flores monoici: masculi axillares.

Capsula semi-emersa, oblongo-ovalis, sub ore 8-costata, in pedicello brevi ipsæ tertiam partem metiente coarctata, brevicolla; vaginula pilifera; peristomii duplicis dentibus 16 geminatis elongatis deltoideo-lanceolatis transverse dense punctulato-lineolatis opacis luteolis 18–20-articulatis; ciliis 8 robustis punctatis e duplici serie cellularum formatis longitudine dentes æquantibus; operculo convexo rostellato; calyptra ramentosa.

Orthotrichum Bolanderi, Sulliv. MSS.

Hab. On rocks, California, *Bolander* (1868).

A fine and very distinct species related to *O. rupestre*, Schleicher; but differing in the marking of the teeth of the peristome, the longer capsule, and the bistromatic cells of the leaves, etc.

TAB. 46. — Orthotrichum Bolanderi.

1. Plantæ naturali magnitudine.
2. Pars caulis cum foliis et capsula.
3. Folium.
4. Ejusdem sectiones transversales.
5, 6. Areolatio folii.
7. Capsula deoperculata, plena.
8. Capsula vacua.
9. Operculum.
10. Pars peristomii cum dentibus et ciliis.
11. Capsulæ areolatio et stoma.
12. Calyptra ramentosa.
13. Antheridium et paraphysis.
14. Ramentum calyptræ.

ORTHOTRICHUM STRANGULATUM, *Beauv.*, var.

Tab. 47.

A forma normali distinguitur, plantis humilioribus rigidis, foliis caulinis perichætialibusque brevioribus acutis margine a medio tantum usque ad apicem revolutis, capsula ovali latiori longius pedicellata subemersa, sicca minus strangulata.

HAB. On trees, Put-in-Bay Island, Lake Erie.

TAB. 47. — ORTHOTRICHUM STRANGULATUM, var.
1. Plantæ *naturali magnitudine*.
2. Pars rami cum fructu.
3. Folia.
4. Eorumdem sectio transversalis.
5, 6. Areolatio basilaris et apicialis foliorum.
7, 8. Capsula operculata et pedicellata cum floribus.
9. Pars peristomii.
10. Areolatio capsulæ.
11. Calyptra.
12. Capsula vacua.
13. Antheridium, paraphysis, et folium perigoniale.

ORTHOTRICHUM OHIOENSE, *Sulliv. & Lesqx.*

Tab. 48.

PLANTÆ pusillæ, in pulvinis latioribus confertæ, luteo-virides, inferne fuscescentes.

CAULIS 4 – 7 lineas metiens, dense foliosus, innovante ramosus.

FOLIA laxiuscula, a basi oblonga erecta elongato-lanceolata, patentissima, subcontinuo-costata, obtuse-acuta, margine revoluta, superne e cellulis rotundis densius inferne quadrangularibus laxius areolata; perichætialia vix longiora, conformia.

FLORES monoici: masculi axillares, antheridiis paraphysibusque brevissime pedicellatis.

CAPSULA oblongo-ovata, brevissime pedicellata, immersa, sicca anguste 8-striata, vacua campanulata, pallide luteola; peristomii dentibus 8 bigeminatis triangulari-lanceolatis crebre punctulatis 5 – 7-articulatis; ciliis 8; calyptra plus minusve pilosa.

ORTHOTRICHUM OHIOENSE, Sulliv. & Lesqx. Musci Exsicc. Amer. (ed. 2), No. 181; non Br. & Schp. in Lond. Jour. Bot. p. 67, 1843.

HAB. On trees, Ohio and Middle States, common.

TAB. 48. — ORTHOTRICHUM OHIOENSE.
1. Plantæ *naturali magnitudine*.
2. Pars caulis cum capsula operculata.
3, 4. Folia et eorundem sectiones transversales.
5. Areolatio apicialis et basilaris folii.
6. Capsula calyptrata et inflorescentia.
7. Capsula vacua.
8. Sectio longitudinalis capsulæ.
9. Ejusdem sectio transversalis.
10. Areolatio capsulæ.
11. Pars peristomii.
12. Sectio longitudinalis ejusdem.
13. Cilium.
14. Operculum.
15. Gemma mascula, antheridium et paraphyses.

ORTHOTRICHUM SORDIDUM, Sulliv. & Lesqr.

Tab. 49.

PLANTÆ humiles, laxe cæspitosæ, sordide vel fusco-virides.

CAULIS 6 – 8 lineas altus, parum robustus, æque dense foliosus.

FOLIA conferta, inferne patentia, superne suberecta, lingulato-lanceolata, modice carinato-costata, sensim longius acuta, margine reflexa vel semi-revoluta, superne irregulariter quadrato-areolata et subpapillosa; cellulis basilaribus quadrangularibus, medianis elongatis linearibus.

FLORES monoici: masculi gemmacei, in perichætio axillares, sessiles vel pedicellati, numerosi.

CAPSULA immersa, obovata, in pedicellum brevissimum longe defluens, late 8 striata, sicca plicato-costata, ore dilatata; peristomii dentibus bigeminatis superne in axi fenestratis; ciliis 8 subæquilongis; operculo a basi convexa attenuato; calyptra subpilosa.

ORTHOTRICHUM SORDIDUM, Sulliv. & Lesqx. in Austin, Musci Appalach. No. 168.

HAB. On trees, Massachusetts, *Lesquereux, James*. State of New York, *Austin*. Especially common in wooded swamps.

TAB. 49. — ORTHOTRICHUM SORDIDUM.
1. Plantæ *naturali magnitudine*.
2. Pars plantæ fructiferæ.
3. Folia.
4. Eorumdem sectio transversalis.
5. Areolatio baseos et apicis folii.
6. Capsula operculata et flores.
7. Capsula vacua.
8. Calyptra.
9. Operculum.
10. Pars peristomii et capsulæ.
11. Cilium.
12. Gemma mascula, antheridium, et paraphysis.
13. Areolatio capsulæ.

ORTHOTRICHUM PSILOCARPUM, James.

Tab. 50.

PLANTÆ perpusillæ, cæspitosulæ, atro-virides.

CAULIS 2-3 lineas longus, subsimplex, fragilis, a basi foliosus.

FOLIA ad basin caulis minima, erecto-patentia, superne sensim longiora, erecta, ovato-lanceolata, obtuse acutiuscula, carinato-costata, apice subdenticulata, margine basi revoluta, ad apicem cellulis rotundatis granulosis minute papillosis laxius areolata, basin versus e cellulis quadrato-oblongis texta.

FLORES monoici: masculi gemmiformes, pedicellati; perigonialibus ovatis obtusis; paraphysibus submullis.

CAPSULA subimmersa, late ovalis, collo brevissimo instructa, lævis, vacua oblongo-cylindrica (nec striato-plicata), leptoderma, epicarpio tenuissimo albicante; peristomii dentibus 16 geminatis, cruribus inæqualibus granulosis; ciliis 8 brevioribus gracillimis albidis punctulatis; operculo plano-convexo obtusiusculo; calyptra lævi.

ORTHOTRICHUM PSILOCARPUM, James, Trans. Amer Phil. Soc. (1865), 13, p. 110 (Dec. 1864); Sulliv. & Lesqx. Musc. Exsicc. Amer. (ed. 2), No. 180.
ORTHOTRICHUM PUSILLUM, Mitten? Proc. Linn. Soc. 8, p. 25 (Jan. 1864).

HAB. Pennsylvania, on Poplars. New York, Massachusetts, etc., *James*. South Carolina, *Ravenel*.

Mitten's character of *O. pusillum*: "*theca siccitate 8-plicata,*" does not agree with this species, in which the capsule is neither plicate nor striate. It represents apparently a different species found intermixed with *O. psilocarpum*. Specimens communicated by the English author, however, truly represent this last species. — Specimens of his *O. psilocarpum*, with description, were distributed by Mr. James several years before its publication, as early as in 1858.

TAB. 50. — ORTHOTRICHUM PSILOCARPUM.

1. Plantæ naturali magnitudine.
2. Planta cum foliis et capsula.
3. Folia.
4. Sectiones transversales folii.
5. Areolatio basilaris et apicialis ejusdem.
6. Capsulæ plenæ et operculatæ.
7. Capsula vacua.
8. Particula peristomii.
9. Areolatio capsulæ.
10. Cilium.
11. Calyptra.
12. Gemma mascula et archegonium.
13. Vaginula.

ORTHOTRICHUM ALPESTRE, Hornsch. var.

Tab. 51.

A forma normali differt, statura robustiori, cæspitium colore glauco-viridi, foliis latioribus crassis margine tantum reflexis, reti papillis eximie elongatis simplicibus vel furcatis, peristomii dentibus longioribus integris minute punctatis.

ORTHOTRICHUM ALPESTRE, Hornsch.: Bryol. Europ. Suppl. 1, p. 1, t. 213.
ORTHOTRICHUM AFFINE, Hook. & Wils. in Drum. 1 coll. No. 149.
ORTHOTRICHUM OCCIDENTALE, James in Wats. Cat. Exp. 40th paral. Cl. King, p. 402.

HAB. Rocky Mountains, *Drummond*. On rocks, Uinta Mountains and Provo Cañon, Utah, at 8,000 feet altitude, *S. Watson*.

TAB. 51. — ORTHOTRICHUM ALPESTRE.

1. Plantæ naturali magnitudine.
2. Pars plantæ cum capsula.
3. Folia.
4. Sectiones transversales folii.
5. Ejusdem areolatio basilaris et apicialis.
6. Capsula deoperculata.
7. Capsula cum gemma mascula vaginula et operculo.
8. Capsula sicca.
9. Pars capsulæ et peristomii.
10. Areolatio capsulæ.
11. Calyptra.
12. Gemma mascula, antheridium, et paraphysis.

ORTHOTRICHUM CYLINDROCARPUM, *Lesqr.*

Tab. 52.

PLANTÆ humiles, graciles, laxe pulvinatæ, obscure virides, inferne nigricantes.

CAULIS simplex, nunc parce ramosus, 2–4 lineas longus, dense foliosus.

FOLIA in sicco appressa, madefacta erecta, e basi latiori elongato-lanceolata, acutiuscula vel subobtusa, costa valida sub apice evanida carinata, margine revoluta, superne cellulis densis ovato-quadratis minute papillosis, inferne oblongis laxioribus areolata.

FLORES monoici: masculi in ramis propriis sub perichætio innovante terminales, raro axillares.

CAPSULA in pedicello longiori exserta, cylindrica vel anguste ovalis, pallide viridis, demum luteola, obscure 8-striata, sublævis, vacua peranguste 8-costata; peristomii duplicis dentibus 16 per paria approximatis granulosis 9–10-articulatis; ciliis 8 robustis subæquilongis e duplici serie cellularum conformatis; operculo conico-apiculato; calyptra valde pilosa capsulam fere totam obtegente.

ORTHOTRICHUM CYLINDROCARPUM, Lesqx. Trans. Amer. Phil. Soc. 13, p. 6; Proc. Calif. Acad. 1, p. 17; Sulliv. & Lesqx. Musc. Exsicc. Amer. (ed. 2), 178.
ORTHOTRICHUM COULTERI? Mitten in Proc. Linn. Soc. 8, p. 25.

HAB. On rocks, Dardanelle's Cañon, California; also on the bark of *Quercus agrifolia*, *Bolander*.

The species is closely allied to *O. tenellum*, Bruch, differing in the less acuminate and shorter leaves, the longer pedicel of the broader capsule, etc.

TAB. 52. — ORTHOTRICHUM CYLINDROCARPUM.

1. Plantæ naturali magnitudine.
2. Pars caulis cum capsula operculata.
3. Folia.
4. Sectio transversalis folii.
5. Ejusdem areolatio baseos et apicis.
6. Pars caulis cum inflorescentia et capsula calyptrata.
7. Capsula operculata.
8. Capsula vacua, sicca.
9. Pars peristomii et capsulæ.
10. Areolatio et stoma capsulæ.
11. Operculum.
12. Antheridium et paraphysis.

ORTHOTRICHUM JAMESIANUM, *Sulliv.*

Tab. 53.

PLANTÆ humiles, laxiuscule pulvinatæ, inferne fuscantes, superne siccæ cinereæ, madidæ pallescenti-virides.

CAULIS parce ramosus, 6–8 lineas altus, subjulaceo-foliatus.

FOLIA oblonga vel lanceolato-oblonga, obtusa, margine revoluta, altius papillosa, costa planiuscula infra apicem desinente subcarinata.

FLORES monoici: masculi axillares.

CAPSULA immersa, pyriformis, brevi-pedicellata, sicca 8-costata, sub ore amplo constricta; peristomii simplicis dentibus 16 discretis, basi transverse, medio circulari-, apice longitudinaliter vermiculatis; calyptra parce ramentosa.

ORTHOTRICHUM JAMESIANUM, Sulliv. in Wats. Cat. U. S. Explor. Exp. 40th Paral. Cl. King., 5, p. 404.

HAB. On limestone rocks in the East Humboldt Mountains, Nevada, at 7,000 feet altitude, *S. Watson.*

This species, related to *O. obtusifolium*, its nearest congener, is distinguished by its simple peristome, leaves with revolute margins, and a monœcious inflorescence.

TAB. 53. — ORTHOTRICHUM JAMESIANUM.

1. Plantæ *naturali magnitudine*.
2. Pars plantæ fructiferæ.
3. Folia.
4. Sectiones transversales folii.
5. Ejusdem areolatio basilaris et apicialis.
6. Pars caulis cum capsula et flore masculo.
7. Capsula et operculum.
8. Capsula vacua.
9. Pars peristomii.
10. Calyptra.
11. Gemma mascula, antheridium, et paraphysis.
12. Folium perigoniale.
13. Areolatio capsulæ.

ORTHOTRICHUM WATSONI, James.
Tab. 54.

PLANTÆ laxe pulvinatæ, virides, inferne dilute ochraceæ.

CAULIS subuncialis, parcius divisus.

FOLIA molliora, laxiuscula, e basi erecta hyalina elongato-lanceolata, acutata, eximie arcuato-recurva, carinata, toto margine revoluta, cellulis superioribus punctiformibus papillosis areolata, papillis longiusculis bi-trifurcatis.

FLORES monoici: masculi cum perichætio terminales.

CAPSULA emergens, subelliptica, sicca prominenter costata, sub ore amplissimo constricta, haploperistomata, dentibus lævibus geminatim arcte connatis flavescenti-albidis 7-10-articulatis; ciliis robustis punctatis; calyptra satis ramentosa; operculo brevius rostrato.

ORTHOTRICHUM WATSONI, James, in Wats. Cat. U. S. Explor. Exp. 40th Paral. Cl. King, 5. p. 404.

HAB. On damp shaded rocks in the West Humboldt Mountains, Nevada, at 5,500 feet altitude. *S. Watson.*

This species is allied to *O. Texanum*, Sulliv.; but its color is different; its leaves are broader, softer, and much more recurved, and the cells of the upper half of each leaf are covered with longer and more or less divided papillæ. The teeth of the peristome are yellowish white, with a tendency to separate as in *O. Texanum.*

TAB. 54. — ORTHOTRICHUM WATSONI.

1. Plantæ *naturali magnitudine.*
2. Pars caulis cum capsula et foliis.
3. Folia.
4. Sectiones transversales foliorum.
5. Areolatio basilaris et apicialis folii.
5 bis. Capsula operculata cum vaginula et gemma mascula.
6. Capsula vacua, sicca.
7. Pars peristomii.
8. Areolatio et stoma capsulæ.
9. Calyptra.
10. Gemma mascula.
11. Folium perigoniale.
12. Antheridium et paraphysis.

ORTHOTRICHUM KINGIANUM, *Lesqx.*

Tab. 55.

PLANTÆ mediocres, cæspitoso-pulvinatæ, obscure virides, inferne brunneæ.

CAULIS pollicaris, parce divisus.

FOLIA humida erecto-patentia, e basi ovata superne lanceolata, obtuse acuta, medio revoluta, costa infra apicem desinente carinata, superne cellulis quadrato-rotundatis granulosis papillosis areolata.

FLORES monoici : masculi axillares, gemmis angustis gracilibus.

CAPSULA in pedicello subpollicari sensim defluens, obovata, exserta, brunnea, lævis, vacua cylindrica, elongata, ore parum ampliata; peristomii dentibus 16 pallidis geminatis distincte 9-10-articulatis punctatis; ciliis 8 brevioribus robustiusculis; operculo e basi conica rostellato; calyptra ampla parce ramentosa capsulam usque ad collum tegente.

ORTHOTRICHUM KINGIANUM, Lesqx. Mem. Calif. Acad. 1, p. 18.

HAB. On rocks near the falls of the Yosemite, California, *Bolander.*

The species differs from the *O. lævigatum*, Schimper, Suppl. to Bryol. Eur. p. 2, tab. 2, by the ciliate internal peristome, the longer and narrower capsule, the longer and more acute leaves, etc.

TAB. 55. — ORTHOTRICHUM KINGIANUM.

1. Planta *naturali magnitudine.*
2. Pars plantæ cum capsula calyptrata.
3. Folia.
4. Eorumdem sectiones transversales.
5. Areolatio baseos et apicis folii.
6. Capsula operculata cum pedicello, archegoniis, et gemma mascula.
7. Capsula vacua.
8. Peristomium clausum.
9. Areolatio capsulæ.
10. Pars peristomii.
11. Columella cum operculo.
12. Antheridium, paraphysis, et folium perigoniale.

ULOTA BARCLAYI, *Mitten.*

Tab. 56.

PLANTÆ humiles, laxe cæspitosæ, pallide luteolæ vel rufescentes. CAULIS semipollicaris, innovante ramosus. FOLIA humectata erecto-patentia, sicca appressa, e basi excavata obovata lanceolata, acuta, superiora acutata, costa sub apice desinente carinata, margine convexa vel plana, superne cellulis subrotundatis lævibus inferne oblongis hyalinis areolata. FLORES monoici: ad basin innovationum axillares. CAPSULA in pedicello sursum crasso longo defluens late ovalis, vacua 8-plicata; peristomii dentibus 8 bigeminatis 15–16-articulatis lineali-punctulatis, ciliis 8 æquilongis interpositis; calyptra conica breviter ramentosa.

ULOTA BARCLAYI, Mitten, Proc. Linn. Soc. 8, p. 26.

HAB. Sitka, *Barclay*.

This species is very near *O. Japonicum* of Sullivant & Lesquereux, in Rodgers' North Pacific Exploring Expedition, if indeed both forms do not represent varieties of the same species.

TAB. 56. — ULOTA BARCLAYI.
1. Plantæ *naturali magnitudine*.
2. Pars plantæ cum capsula et foliis.
3. Pars caulis cum foliis siccatis.
4. Folia.
5. Sectiones transversales foliorum.
6. Areolatio basilaris et apicialis folii.
7. Pars caulis denudati, cum gemma mascula et capsula.
8. Capsula vacua.
9. Pars peristomii.
10. Areolatio capsulæ.
11. Capsula calyptrata immatura.
12. Calyptra.
13. Gemma mascula, folium perigoniale, antheridium, et paraphysis.

FONTINALIS NEO-MEXICANA. *Sulliv. & Lesqr.*

Tab. 57.

Plantae mediocres, rigidiusculae, sordide flavescenti-virides, in sicco nitidulae.

Caulis 8–12-uncialis, ramosissimus; rami ramulique elongati, omnes inferne denudati.

Folia tristicha, erecto-patentia, oblongo-lanceolata, plus minus complicata, cellulis angustis longis incrassatis, illis basis sub-auriculatae decurrentis ampliatis rufulis oblongis; perichaetialia superiora late obovato-oblonga, subito longius cuspidata, superne lineari-areolata, ad basin (ut in reliquis foliis) rubro-aurantiaco tincta.

Flores dioici: plantae masculae tenuiores, perigonia numerosa, antheridia paraphysata.

Capsula ovato-oblonga, immersa; peristomii dentibus 20-articulatis cum cono cancellato rubris et papillatis; operculum calyptraque generis; sporae latiusculae.

Fontinalis Neo-Mexicana, Sulliv. & Lesqx. Musc. Amer. Exsicc. (ed. 1), No. 224 (1856); Austin, Musc. Appalach., No. 254 (1870).
Fontinalis antipyretica, var., Sulliv. & Lesqx. Musc. Amer. Exsicc. (ed. 2), No. 334 (1865).
Fontinalis Mercediana, Lesqx. Proc. Cal. Acad. 1, p. 28 (1867).

Hab. Mountain rivulets of New Mexico, sterile, *Wright*. Merced River, California, *Bolander*. Rocky Mountains, in fine fruit, *E. Hall*.

TAB. 57. — Fontinalis Neo-Mexicana.

1, 2. Plantae masculae et femineae *naturali magnitudine*.
3. Pars ramuli cum foliis tristichis.
4. Folia.
5. Sectiones transversales folii.
6. Ejusdem areolatio basilaris et apicialis.
7. Folia perichaetialia.
8. Perichaetium et capsula.
9. Capsula operculata, cum pedicello e ramulo perichaetiali extracto.
10. Peristomium clausum.
11. Calyptra.
12. Peristomii particula.
13. Gemma mascula, antheridium, et paraphyses.

CLIMACIUM? RUTHENICUM, *Weinm.*

Tab. 58.

PLANTAE elatae, inferne simplices, apice in comam amoene viridem subdendroideam lateralem divisae.

CAULIS primarius longe et late repens, subterraneus, radiculosus, nigricans; rami primarii erecti, remoti, bipollicares et ultra, inferne simplices, superne fasciculatim divisi, brunneo-nitentes; rami secundarii erectiusculi, pinnatim vel bipinnatim divisi; ramuli graciles, attenuati, filiformes.

FOLIA in ramis primariis squamaeformia, late ovata, plus minusve apiculata, involuta, integerrima, hyalina, amplexicaulia, enervia vel valde nervosa; in ramis secundariis undique imbricata, erecto-patula, e basi latiuscula lanceolata, a medio usque ad apicem crebre serrata, utplurimum bistriata, nervo valido crasso obscure colorato versus apicem dentato infra apicem evanido instructa; perichaetialia imbricata, e basi late ovata longius cuspidata, margine superne undulata vel erosa.

FLORES dioici: masculi numerosi, in parte superiori rami primarii sparsi, axillares, subsessiles; feminei sub comam fasciculatim aggregati; antheridiis paraphysibusque numerosis.

CAPSULA in pedicello pallide rubello ultrapollicari recto lata, cernua et horizontalis, oblongo-cylindrica, incurva, collo subinflata, exannulata, late operculata; operculo conico elongato acuto; peristomii externi dentibus longis triangulari-lanceolatis hyalino-marginatis a basi usque ad apicem dense aequaliter trabeculatis; interni ciliis dentes aequantibus latiusculis inter articulationes distincte solutis.

HYPNUM RUTHENICUM, Weinm. Bull. Soc. Imp. Moscow, 1845, p. 485.
CLIMACIUM (GIRGENSOHNIA) RUTHENICUM, Lindb. in litt.

HAB. Sitka, Alaska, *Bishoff*.

TAB. 58. — Climacium? Ruthenicum.

1, 2. Plantæ femineæ et masculæ *naturali magnitudine*.
3. Pars ramuli cum foliis.
4. Pars rami primarii cum foliis.
5. Folia ramulorum.
6. Sectiones transversales eorundem, et areolatio basilaris et apicialis folii.
7. Sectio transversalis caulis primarii.
8. Folium rami primarii.
9. Perichætium et ejusdem folia.
10. Capsulæ operculatæ.
11. Peristomium clausum.
12. Particula peristomii.
13. Gemma mascula, antheridium, paraphysis, et folium perigoniale.

ANTITRICHIA CALIFORNICA, Sulliv.

Tab. 59.

Antitrichiæ curtipendulæ, Brid. proxima, differt ramis brevioribus julaceis, foliis in sicco appressis brevius acuminatis apicem versus vix denticulatis, cellulis brevioribus areolatione ovalibus, alaribus conformibus æqualibus, capsula cylindrica duplo longiore rubella in pedicello breviore recto, peristomii externi dentibus longioribus laxius et obscure areolatis punctulatis, interni brevioribus, sporis duplo minoribus, et al.

ANTITRICHIA CALIFORNICA, Sulliv. MSS.; Lesqx., Trans. Amer. Phil. Soc. 13, p. 11; Sulliv. & Lesqx., Musc. Exsicc. Amer. (ed. 2), No. 357.

HAB. In woods on trees, California, *Bolander*. In fine fructified specimens.

TAB. 59. — ANTITRICHIA CALIFORNICA.
1, 2. Plantæ masc. et fem. *naturali magnitudine*.
3. Pars rami cum foliis.
4. Folia.
5. Folii areolatio basilaris et apicialis.
6. Sectiones transversales foliorum.
7. Capsula operculata.
8. Perichætium.
9. Particula peristomii.
10. Gemma muscula.
11. Antheridium et paraphysis.

LEPTODON? NITIDUS, *Lindb.*

Tab. 60.

PLANTÆ flavo-virides, ætate lurido-virides, nitidæ.

CAULIS prostratus, vestigiis foliorum et radiculis raris fuscis munitus: ramis gracilibus 1–2-pollicaribus erectis superne subarcuatis obtusiusculis parce et irregulariter ramosulis dense subtereti-foliatis vix complanatis, ramulis brevibus gracilibus.

FOLIA erecta, imbricata, ad basin vix decurrentem minute auriculata, late ovata, brevi-acuminata, concavo-canaliculata, nervo brevi simplici vel furcato infra medium dissoluto instructa, integra, apice summo tantum serrulata; reti cellulis lævibus, angularibus paucis parvis quadratis fulvis incrassatis, cæteris elongato-rhomboideis vel oblongo-linearibus chlorophylliferis; perichaetialia late ovata vel linguæformia, acuta, enervia.

FLORES monoici: masculi numerosi, gemmiformes, axillares.

CAPSULA immersa, ovali-globosa, ore lato brunneo-purpurea, nitida, sicca rugulosa: operculo magno brunneo late conico apiculato: peristomii simplicis dentibus 16 æquilongis lineari-lanceolatis acutis fragillissimis rufulo-pallidis dense trabeculatis.

LEPTODON? NITIDUS, Lindb. MSS. 1864.
NECKERA MACOUNII, Sulliv. in Canad. Naturalist, 2, Ser. 2, pp. 79 & 397 (1865). nomen solum.
FORSSTRÖMIA NITIDA, Lindb. in Öfversigt at Finska Vet. Soc. Förhandl. 12, No. 2, 1869.

HAB. On trees near Belleville, Canada, *A. Macoun.*

TAB. 60. — LEPTODON? NITIDUS.

1. Planta *magnitudine naturali.*
2. Pars caulis cum foliis.
3. Folia.
4, 5. Areolatio baseos et apicis folii.
6. Perichaetium et capsula.
7. Folium perichaetiale.
8. Capsula operculata.
9. Particula peristomii.
10. Spora germinans.
11. Gemma mascula.
12. Folium perigoniale.
13. Antheridium et paraphysis.

LESKEA AUSTINI, *Sulliv.*

Tab. 61.

PLANTÆ mediocres, intricato-cæspitosæ, triste virides.
CAULIS irregulariter ramosus, ramis valde inæqualibus expansis.
FOLIA humectata patula vel subsquarrosa, ovata, longe tenui-acuminata acumine subintegro, ultra medium costata, papillosa, cellulis crassiusculis marginis inferioris rotundo-quadratis seriatis, mediis et apicialibus elliptico-rhomboideis longioribus areolata.
FLORES monoici, numerosi, paraphysati, ramigeni.
CAPSULA in pedicello 5–10 lineas alto erecta, oblongo-ovalis, microstoma, exannulata; peristomii externi dentibus 16 triangulari-lanceolatis demisse insertis 16–20-articulatis utraque facie planis papillulosis opacis, interni e membrana brunneo-lutea annuliformi capsulæ orem vix superante; operculo brevi-conico.

LESKEA AUSTINI, Sulliv. MSS.; Austin, Musc. Appalach. No. 267.

HAB. Stone fences, Sussex County, New Jersey, *Austin*. On trunks of trees, Fulton County, Illinois, *Wolf*.

The generic relation of this species is still uncertain, related as it is by some characters to *Leskea*, by others to *Habrodon*. A specimen from a tree near Columbus, Ohio, bears, along with *Orthotrichum strangulatum*, some sterile stems of *Leskea Austini* mixed with stems also sterile of *Habrodon Notarisii!*

TAB. 61. — LESKEA AUSTINI.

1. Pars plantæ *naturali magnitudine*.
2. Pars rami cum foliis et paraphyllis.
3. Folia.
4. Areolatio folii basos et apicis.
5. Sectiones transversales folii.
6. Perichætium.
7. Capsulæ et operculum.
8. Pars peristomii.
9. Sectio verticalis ejusdem.
10. Particula dentis.
11. Gemma mascula, antheridium, paraphysis, et folium perigoniale

HOMALIA GRACILIS, *James.*

Tab. 25.

Ab *H. Sendtneriana*, cui haud dissimilis, differt statura minore graciliore, ramificatione copiosiore, ramulis filescentibus flexilibus subjulaceo-foliatis, foliis rameis complanatis duplo brevioribus atque angustioribus minus obtusis, ramulinis paululum majoribus: inflorescentia (solum in planta masculina Nov.-Cæsariensi observata) dioica; foliis perigonialibus paucis ovatis longiuscule acuteque acuminatis cellulis longioribus submarginatis; antheridiis paucis 2–4 parce paraphysatis; floribus femineis et fructibus ignotis.

HOMALIA GRACILIS, James, in Rep. New York Univer. 22, p. 57.

HAB. On rocks, Sand Lake, New York, *V. Colvin.* Adirondack Mountains, *Peck.* Catskill Mountains, *James.* New Jersey, *Austin.*

TAB. 25, pro parte. — HOMALIA GRACILIS.
1. Planta *naturali magnitudine.*
2. Pars ramuli.
3. Folia ramea.
4. Folia ramulina.
5. Sectio transversalis folii.
6. Areolatio basilaris et apicialis foliorum.

NECKERA MENZIESII, *Hook.*

Tab. 62.

PLANTÆ late laxeque cæspitantes, molles, lutescenti- virides, ætate pulchre ochraceæ.

CAULIS primarius repens, subterraneus, gracillimus, flagelliformi-radicans; secundarius elongatus, semipedalis et ultra, pinnato-ramosus, complanatus; ramis patentibus brevibus planis attenuatis sæpius in flagella productis, quandoque flagellis lateralibus plus minusve elongatis instructis.

FOLIA caulina superne undulata, basi haud auriculata, oblongo-lingulata, ex apice obtuso brevissime acuminata, concava, margine inferne uno latere anguste revoluta, apice minute denticulata, costa tenui longa ultra medium evanida; perichætialia medio dilatata, sensim longe lanceolato-acuminata, apicem versus denticulata, costata.

FLORES dioici: feminei pedunculati, exserti, in caule secundario siti; masculi numerosiores secus caulem vel basin ramorum sessiles, axillares.

CAPSULA in pedicello brevi immersa, oblongo-ovalis, exannulata, pallide fusca, ore rufescente ætate fusco-nigricante; peristomii externi dentibus anguste lanceolatis manifeste noduloso-articulatis pellucide marginatis, interni ciliis robustis e membrana basilari latiore oriundis dentes æquantibus inter articulationes late solutis; operculo conico breviter acute rostrato; calyptra cucullata angusta lævi.

NECKERA MENZIESII, Hooker in Drum. Musc. Amer. No. 162; Müller, Synop. Musc. 2, p. 48; Schimper, Synop. Musc. Eur. p. 471; Lesqx. Procced. Cal. Acad. Sci. 1, p. 28; Sulliv. & Lesqx. Musc. Exsicc. Amer. No. 395.

HAB. Rocky Mountains, sterile, *Drummond.* On rocks in Thuringia, sterile, *Röde.* California, on shaded rocks and the roots of trees, Ukiah, Yosemite Valley, etc., fertile, *Bolander*. Oregon, *Lyall, E. Hall*.

TAB. 62. — NECKERA MENZIESII.
1, 2. Planta masculae et femineae *naturali magnitudine*.
3. Pars rami cum foliis et paraphyllis.
4. Folia caulina et ramea.
5. Sectio transversalis folii.
6. Ejusdem areolatio apicialis.
7. Perichaetium et capsula immersa, operculata.
8. Folia perichaetialia.
9. Capsula deoperculata plena, cum pedicello et vaginula paraphysibus onusta.
10. Particula peristomii.
11. Operculum.
12. Calyptra.
13. Gemma mascula et folium perigoniale.
14. Antheridia et paraphyses filiformes.

ALSIA LONGIPES, Sulliv. & Lesqr.

Tab. 63.

PLANTÆ amœnæ griseo-virides, cæspites diffusos molles formantes.

CAULIS secundarius e primario rhizomatoideo ortus 3–5 uncias longus, mollis, a basi pinnatim bipinnatimque ramulosus, subfrondiformis, compressiusculc foliosus, innovando quandoque flagellatus.

FOLIA oblongo-lanceolata vel linguæformia, acuta, superne grosse serrata, minute ovali-areolata, costa apice dorsali denticulata ultra medium percurrente concavo-plana; perichætialia tubulosa, abrupte filiformi-attenuata, superne dentata.

FLORES dioici: fertiles in caule secundario irregulariter dispositi; masculi numerosi, præcipue ramigeni.

CAPSULA cylindracea, in pedicellum subuncialem perichætio quadruplo longiorem defluens; peristomii externi dentibus longis anguste lanceolatis articulatis, interni brevioribus ciliis 1–2 sub-appendiculatis interjectis; operculo conico oblique rostrato.

ALSIA LONGIPES, Sulliv. & Lesqx. Musc. Exsicc. Amer. No. 399.

HAB. Deep canons, on rocks, California, *Bolander*.

TAB. 63. — ALSIA LONGIPES.
1, 2. Planta masculæ et femineæ *naturali magnitudine*.
3. Pars rami cum foliis.
4. Folia.
5, 6. Areolatio apicis et baseos folii.
7. Capsulæ plenæ et humidæ.
8. Capsula vacua sicca.
9, 10. Calyptra et operculum.
11. Particula peristomii.
12. Sectio transversalis folii.
13. Gemma mascula, folium, perigoriale, antheridium, et paraphysis.

PLAGIOTHECIUM ELEGANS, *Hook.*

Tab. 64.

PLANTÆ tenellæ, pallide vel amœne virides, in sicco nitidæ.

CAULIS procumbens, complanatus, parce divisus, ramis brevibus inæqualibus.

FOLIA caulina erecto-patentia, subplana, disticha, anguste ovata, brevius vel longius acuminata, concava, nervo gemello plus minusve manifesto instructa, cellulis linearibus striæformibus basi vix laxioribus, alaribus obsoletis pellucidis basilares æmulantibus; perichætialia angusta, e basi ovata longe sensimque attenuata, inferiora minima.

FLORES dioici? masculi ignoti.

CAPSULA in pedicello subpollicari rufo apice plus minusve inflexo horizontalis, subpendula, oblonga, collo subinflata, sicca sub ore dilatato coarctata: peristomii externi dentibus longis triangulari-lanceolatis obtusiusculis, interni integris ciliis tribus æquilongis gracilibus interpositis; operculo conico subrostellato obtuso; annulo simplici.

HYPNUM ELEGANS, Hook. Musc. Exot. t. 9; Müll. Synop. p. 260; Austin, Musc. Appalach. No. 318.

Var. TERRESTRE, Lindb. (Animadv. de *H. eleganti*), colore intensius viridi, ramis brevioribus apice lenissime decurvatis, a forma normali diversum.

PLAGIOTHECIUM SCHIMPERI, Milde in Raben. Bryothec. Eur. No. 588.
PLAGIOTHECIUM ELEGANS, var. TERRESTRE, Lindb.; Austin, Musc. Appalach. No. 319.

HAB. The normal form in crevices of shaded rocks, Northern New Jersey and Southern New York, sterile. The variety on the ground, in a ravine near Pascall, New Jersey, sterile. *Austin.*

TAB. 64. — PLAGIOTHECIUM ELEGANS.

1. Planta naturali magnitudine.
2. Pars rami cum foliis.
3. Folia caulina et ramea.
4. Areolatio apicis et baseos folii.
5. Perichaetium.
6, 7. Folia perichaetialia.
8. Capsulae plenae sine et cum operculo.
9. Capsulae vacuae siccae.
10. Particula peristomii et annuli.
11. Peristomii sectio longitudinalis.

PLAGIOTHECIUM TURFACEUM, *Lindb.*

Tab. 65.

PLANTAE tenellae, laxe caespitosulae, laete-virides, rufo-variegatae.

CAULIS prostratus, e basi radiculosus subpinnatim vel fasciculatim divisus; ramis brevibus subaequilongis subpollicaribus.

FOLIA depresso-complanata, lateralia horizontaliter patula, antica et postica alternatim et leniter dextrorsum sinistrorsumque vergentia, ex ovato-oblongo longiuscule tenuiter acuminata, usque ad medium argute serrata, ecostata, cellulis elongatis linearibus iis *P. elegantis* similibus sed latioribus, basilaribus distinctis quadratis vel oblongis aequilateris; perichaetialia e basi late ovata concava, in cuspidem brevem subito attenuata, superne dentata.

FLORES monoici, vel ad basin ramorum commixti, vel in ramis diversis siti; gemmae masculae minimae.

CAPSULA longiuscule pedicellata, subcernua vel subinclinata, oblongo-cylindrica, aequalis, sicca costata, sub ore coarctata; peristomii externi dentibus lanceolatis apice punctulatis, interni membrana ad $\frac{1}{3}$ dentium adcendente, dentibus integris ciliis duobus gracilibus interpositis; operculo late conico mutico aurantiaco; annulo lato duplici.

PLAGIOTHECIUM TURFACEUM, Lindb.; Schimp. Synop. Mus. Europ. Suppl. p. 692; Austin, Musc. Appalach. No. 356.

HAB. On the ground in woods, and on decayed trunks in Cedar swamps, New Jersey to Canada, *Austin.*

TAB. 65. — PLAGIOTHECIUM TURFACEUM.
1. Plantæ fertiles *naturali magnitudine.*
2. Pars caulis et dispositio foliorum.
3. Folia caulina et ramea.
4, 5. Areolatio folii apicis et baseos.
6. Perichætium.
7. Folia perichætialia.
8. Capsulæ plenæ et operculum.
9. Capsulæ vacuæ et siccæ.
10. Particula peristomii cum annulo duplici.
11. Gemma mascula et antheridium.

PLAGIOTHECIUM MÜLLERIANUM, Schimp.

Tab. 66.

PLANTÆ minutulæ, laxe cæspitantes, amœne virides.

CAULIS stoloniformis, repens, ramos suberectos basi valde quandoque apice radicantes complanato-foliosos proferens.

FOLIA disticha patentia, haud decurrentia, e basi ovata lanceolata, acuminata, vel in apiculum longiorem subpiliformi-attenuata, integerrima, enervia, anguste æqualiter areolata; perichætialia e basi semi-amplectente oblongo-ovata, longius raptim acuminata, integra.

FLORES dioici, vel ad ramorum basin aggregati, vel in ramis sparsi.

CAPSULA in pedicello semipollicari validiore purpureo siccitate superne leniter dextrorsum inferne sinistrorsum torto subcernua, obovata, longi-colla, sicca ore dilatato-campanulata, luteo-fusca, ætate brunnea; peristomii dentibus laxius articulatis, ciliis æquilongis, ciliolis 2 brevioribus robustis inæqualibus; operculo conico-rostrato recto; annulo simplici.

PLAGIOTHECIUM MÜLLERIANUM, Schimp. Synop. Musc. Europ. p. 584; Austin, Musc. Appalach. No. 351.

HAB. Rocky ravines, New Jersey and New York; New England, *James, Oakes, Austin*. Ohio, *Lesquereux*.

TAB. 66 — PLAGIOTHECIUM MÜLLERIANUM.
1. Planta *naturali magnitudine*.
2. Ramus fructifer.
3. Folia.
4. Eorundem areolatio apicialis et basilaris.
5. Perichætium.
6. Folium perichætiale.
7, 8. Rami sectio transversalis.
9. Capsulæ plenæ et vacuæ.
10. Particula peristomii et annuli.

PLAGIOTHECIUM SUBFALCATUM, *Austin*.

Tab. 67.

PLANTÆ denrissæ, intricato-cæspitosæ, læte-virides, nitidæ.
CAULIS prostratus, inordinate ramosus.

FOLIA remota, disticha, complanata, oblique oblonga, acuta, horizontaliter patentia, rursum subfalcata, apice serrato-dentata, margine inferiori anguste reflexa, haud decurrentia; costa brevi inæquali furcata; reti e cellulis linearibus angustis, ima basi tantum brevioribus oblongis.

FLORES et fructus ignoti.

Planta incerte sedis: forsan *Rhynchostegiis* adnumeranda.

PLAGIOTHECIUM? SUBFALCATUM, Austin, Musc. Appalach. No. 366.

HAB. Crevices of rocks among the mountains of New Jersey and New York, *Austin*. Pennsylvania, *James*, rare.

TAB. 67. — PLAGIOTHECIUM SUBFALCATUM.
1. Plantæ *naturali magnitudine*.
2. Pars rami cum foliis.
3, 4. Folia.
5. Areolatio baseos et apicis folii.

CHRYSOBRYUM MICANS, (*Wils.*) *Lindb.*

Tab. 67.

PLANTAE prostratae, obscure virides, graciles.

CAULIS repens, subbipinnatim ramosus; ramis attenuatis; ramulis brevibus subincurvatis.

FOLIA laxe imbricata, e basi haud decurrente angustata, late obovata vel subrotunda, valde concava, brevi-apiculata, versus apicem serrulato-denticulata, obscure binervia; costa brevi furcata, quandoque inconspicua; reti e cellulis linearibus angustis flexuosis, ad angulos brevioribus latioribus oblongis.

FLORES dioici: masculi numerosi in ramis sparsi; antheridiis majoribus paraphysibusque numerosis brevioribus.

HYPNUM MICANS, Wils. in Hook. Brit. Fl. 2, p. 1, p. 86 (1833); non Swartz, Adnot. Botan. p. 175 (1829), quod ad *Hypnum albulum*, C. Müll. Synop. Musc. 2, p. 280 (1851) pertinet.
HYPNUM NOVAE-CAESAREAE, Aust. Musc. Appalach. No. 440.

HAB. On rocks, in a small rivulet between New York and New Jersey on Shawangunk Mountain near High Point, sterile, *Austin*.

TAB. 67. — CHRYSOBRYUM MICANS.
1. Planta mascula *naturali magnitudine*.
2, 3. Pars rami et ramuli cum foliis.
4. Folia.
5. Areolatio et sectio foliorum.
6. Gemma mascula, antheridium, paraphysis, et perigoniale.

RHYNCHOSTEGIUM JAMESII, *Sulliv.*

Tab. 68.

PLANTÆ tenellæ, depressæ, sericeo-nitentes, pallide virides vel flavescentes.

CAULIS elongatus, bipollicaris et ultra, gracilis, repens, subpinnatim ramosus, depressus, ramis brevibus horizontalibus plus minusve recurvatis.

FOLIA remotiuscula, complanata, lateralia patula, e basi ovata sensim in acumen longius piliforme producta, margine reflexo plana, uno latere versus basin semi-revoluta, superne denticulata, ecostata vel costula brevi basilari obsolete instructa; reti cellulis subrhomboideo-linearibus elongatis angustis, alaribus parum numerosis ovalibus vel linearibus obtusis subinflatis; perichætialia oblonga, brevius acuminata, apice denticulata, laxe areolata, superiora tubulosa.

FLORES monoici, in caule primario siti; gemmæ masculæ crassiusculæ, antheridiis brevibus paraphysibusque gracillimis numerosis.

CAPSULA in pedicello 4–6-lineari rubello sicco inferne dextrorsum torto oblonga vel oblongo-ovata, inclinata, sicca ore dilatante oblongo-cylindrica; peristomii externi dentibus dense lamellosis pellucidis lævibus, interni æquilongis inter articulationes mediales tantum fissis; cilio unico articulato interposito; operculo e basi conica rostellato obtusiusculo; annulo simplici conspicuo.

RHYNCHOSTEGIUM JAMESII, Sulliv. MSS.

HAB. Errol Dam, Androscoggin River, New Hampshire, *James.*

TAB. 68. — RHYNCHOSTEGIUM JAMESII.

1. Plantæ naturali magnitudine.
2. Pars caulis cum foliis.
3. Pars caulis cum perichætio et gemma mascula.
4. Folia.
5. Sectiones transversales folii.
6, 7. Areolatio apicis et basoes folii.
8, 9. Folia perichætialia.
10. Capsulæ operculatæ.
11. Capsula vacua sicca.
12. Particula peristomii et annuli.
13. Facies interna dentis.
14. Gemma mascula, antheridium, et paraphysis.

RHYNCHOSTEGIUM DELICATULUM, *James.*

Tab. 69.

Priori statura colore habitu formaque foliorum referens, distinctum tamen, foliis magis apertis compresso-distichis, reti cellulis alaribus duplo latioribus, basilaribus amplis vesiculosis, capsula breviori vacua pyriformi ore valde dilatata, operculo duplo longiori longe acute rostrato, peristomii externi dentibus apice rugoso-papillosis, interni gracilioribus integris (haud fissis), ciliis nullis interpositis, et al. Flores masc. ignoti; inflorescentia forsan dioica?

RHYNCHOSTEGIUM DELICATULUM, James, MSS.

HAB. Same locality as the former, *James.*

TAB. 69. — RHYNCHOSTEGIUM DELICATULUM.

1. Planta naturali magnitudine.
2. Pars rami.
3. Folia ramea.
4. Folia caulina.
5. Areolatio apicialis folii.
6. Areolatio basilaris.
7. Sectio transversalis foliorum.
8. Perichætium.
9. Folium perichætiale.
10. Capsulæ, operculum, et calyptra.
11. Particula peristomii.
12. Lamellæ internæ dentis.

RHYNCHOSTEGIUM GEOPHILUM, *Austin*.

Tab. 70.

A *Rhynchostegio depresso* simillimo distinctum, cæspite laxiore tenuiore nitidiore; caulis ramis ramulisque latioribus magis elongatis, foliis subcomplanatis distichis remotioribus valde patentibus fere horizontalibus oblongo-lanceolatis sensim longius acutatis extremo apice obtusiusculis (haud ovali-oblongis brevius acuminatis) distinctius serratis bicostulatisque, cellulis longioribus angustioribus flexuosis, illis ad basin vix ampliatis haud hyalinis, capsula minore basi minus defluente membrana tenuiore, et al.

RHYNCHOSTEGIUM GEOPHILUM, Austin, Musc. Appalach. No. 315.
HYPNUM DEPRESSUM, James, Proceed. Amer. Phil. Soc. 1855; Sulliv. et Lesqx. Musc. Exsicc. Amer. (ed. 2), No. 437.

HAB. On clayey shaded ground, New Jersey, *Austin*. Pennsylvania, *James*. New York, *Peck*.

TAB. 70. — RHYNCHOSTEGIUM GEOPHILUM.
1. Plantæ fructiferæ *naturali magnitudine*.
2. Pars rami.
3, 4. Folia.
5. Areolatio apicis folii.
6. Areolatio baseos.
7. Perichætium.
8. Folia perichætialia.
9. Capsulæ plenæ et operculatæ.
10. Particula peristomii.

EURHYNCHIUM COLPOPHYLLUM, *Sulliv.*

Tab. 71.

Eurhynchio crassinervio statura, inflorescentia, foliatione et habitu peraffine, distat foliis scariosis brevius obtusiuscule acuminatis haud crasso-costatis, reti e cellulis longioribus angustioribus leptodermis utriculo primordiali destitutis, capsula oblongo-cylindrica longiori, perichætialibus ecostatis, et al.

HYPNUM (EURHYNCHIUM) COLPOPHYLLUM, Sulliv. MSS.

HAB. California, *Bigelow* (1854).

TAB. 71. — EURHYNCHIUM COLPOPHYLLUM.
1, 2. Plantæ femineæ et masculæ *naturali magnitudine*.
3. Pars rami.
4. Folia ramea.
5. Eorundem areolatio apicialis et basilaris.
6. Sectio transversalis folii.
7. Perichætium et pars pedicelli tuberculosi.
8. Folium perichætiale.
9. Capsulæ et operculum.
10. Capsula vacua sicca.
11. Particula peristomii.
12. Gemma mascula, antheridium, et paraphysis.

AMBLYSTEGIUM VACILLANS, Sulliv.

Tab. 72.

PLANTÆ intricatæ, laxe cæspitantes, fusco-luteæ.

CAULIS elongatus, procumbens, vage subpinnatim ramosus.

FOLIA in caule multo majora, distantia bifariam erecto-patula, anguste lanceolata, longe acuminata, in ramis laxe imbricata, oblongo-lanceolata, acuta, obtusiuscula, quandoque truncatula, integra, costa ultra medium procurrente; perichætialia breviora, triangulari-lanceolata, nervo lato in subulam brevem exeunte; reti areolis illis *A. riparii* paulo angustioribus apice irregularibus, alaribus late quadratis pellucidis.

FLORES monoici, hinc illinc in caule sparsi.

CAPSULA in pedicello ultrapollicari suberecta vel subcernua, oblongo-cylindrica, sicca incurva, sub ore dilatato coarctata, rugulosa; peristomio *A. riparii;* operculo conico obtusiusculo mamillato; annulo composito angusto.

AMBLYSTEGIUM VACILLANS, Sulliv. MSS, 1870.

HAB. White Mountains of New Hampshire, *Oakes* (1846).

TAB. 72. — AMBLYSTEGIUM VACILLANS.
1. Plantæ naturali magnitudine.
2. Pars rami cum foliis.
3. Pars caulis.
4. Folia ramea.
5. Areolatio baseos et apicis folii.
6. Sectiones transversales foliorum.
7. Perichætium.
8. Folia perichætialia.
9. Capsulæ plenæ et operculum.
10. Capsula vacua.
11. Particula peristomii.
12. Operculum.
13. Gemma mascula et antheridium.
14. Folium perigoniale et paraphysis.

BRACHYTHECIUM UTAHENSE, James.

Tab. 73.

PLANTÆ pusillæ, teneræ, laxe cæspitosæ, pallide fuscescentes.

CAULIS repens, uncialis vel semi-uncialis, copiose radiculosus; ramis ramulisque brevibus laxinscule foliatis.

FOLIA erecto-patentia, oblonga vel ovato-lanceolata, sensim tenui-acutata, arctius pellucide lineari-areolata e cellulis angularibus quadratis griseo-granulosis, ad medium costata, toto margine serrata; perichætialia erecta, ecostata, raptim acuminata, grossius serrata.

FLORES synoici, caule primario insidentes.

CAPSULA in pedicello crassiusculo lævi 3–4-lineari subsymmetrica, erecta, parvula, oblongo-ovalis; operculo breviter conico-obtuso; annulo simplici obscuro; peristomio generis.

BRACHYTHECIUM UTAHENSE, James, in Watson's Cat. U. S. 40th Par. Geol. Explor. Exped. Cl. King. p. 409.

HAB. On sandstone rocks overhanging the bed of a dry stream near Hanging Rock Station, Echo Cañon, Utah, at 6,000 feet altitude.

TAB. 73. — BRACHYTHECIUM UTAHENSE.
1. Planta naturali magnitudine.
2. Pars rami.
3. Folium rameum.
4. Folia caulina.
5. Areolatio apicis folii.
6. Areolatio basilaris.
7. Perichætium et capsula immatura calyptrata.
8. Folia perichætialia.
9. Vaginula, antheridium, archegonium, et paraphyses.
10. Capsulæ.
11. Particula peristomii.
12. Operculum.

BRACHYTHECIUM HILLEBRANDI. *Lesqx.*

Tab. 74.

Plantæ tenellæ, in cæspitibus intricatis condensatis sericeo-lutescentibus degentes.

Caulis erectus, e basi irregulariter subpinnatim vel fasciculatim ramosus; ramis brevibus radiculosis.

Folia undique imbricata, erecta, quandoque subsecunda, e basi ovata sensim longe lanceolato-acuminata, concava, margine plano subreflexa, toto ambitu serrulata, ultra medium costata, reti cellulis elongatis sensim inferne angustioribus ad angulos dilatatis quadratis; perichætialia laxius areolata, pellucida, plerumque enervia, e basi oblonga sensim acutata, subintegra.

Flores monoici, axillares, in caule sparsi: masculi sessiles; feminei radiculosi.

Capsula in pedicello semiunciali vel ultra (inferne rubello ruguloso superne pallido lævi) erecta, brevis, e basi turgida ovata, subæqualis, rarius inclinata, sicca sub ore dilatato constricta; peristomii externi dentibus longis inferne pallide luteis superne albidis, interni dentibus æquilongis inter medias articulationes fissis, ciliis duobus articulatis robustis interpositis; operculo conico brevi obtuso apiculato: annulo simplici.

Brachythecium Hillebrandi, Lesqx. Mem. Calif. Acad. 1, p. 33.

Hab. On rocks, Merced River, California. *Bolander.*

TAB. 74. — Brachythecium Hillebrandi.

1. Plantæ *naturali magnitudine.*
2. Pars rami.
3. Folia caulina et ramea.
4. Areolatio apicialis folii.
5. Areolatio basilaris ejusdem.
6. Sectiones transversales folii.
7. Pars caulis cum gemmis masculis et perichætio.
8. Vaginula archegoniis onusta.
9. Folia perichætia'ia.
10. Capsulæ plenæ.
11. Capsula vacua et sicca.
12. Particula peristomii et annuli.
13. Operculum.
14. Gemma mascula, antheridium, paraphysis, et perigoniale.

BRACHYTHECIUM ACUTUM, *Mitten*.

Tab. 75.

PLANTÆ late laxeque cæspitosæ, sericeo-virides.

CAULIS elongatus, flexuoso-prorepens, versus basin radiculosus, parce divisus; ramulis brevibus valde apertis.

FOLIA humectata erecto-patentia, lanceolata, sensim longe angustata, acuta, toto ambitu obscure remoteque serrulata, ad alarum angulos subdecurrentia, brevi-auriculata, siccitate substriata, costa ultra medium evanida; reti cellulis superioribus angustis elongatis, alaribus laxioribus brevioribus subquadratis; perichætialia e basi erecta ovali breviter nervata in subulam angustata, recurvata.

FLORES monoici, in ramis primariis siti.

CAPSULA in pedicello lævi elongato recto oblongo-ovalis, inclinata, subcernua, vel inæqualis; operculo longe conico breviter subuli-rostrato; peristomio normali.

HYPNUM ACUTUM, Mitten, Proc. Linn. Soc. 8, p. 33.

HAB. Sack River, British Columbia, *Lyall*. Massachusetts, *Greene*.

TAB. 75. — BRACHYTHECIUM ACUTUM.
1. Planta *naturali magnitudine*.
2. Pars rami.
3. Folium caulinum.
4. Areolatio baseos et apicis ejusdem.
5. Perichætium.
6. Folia perichætialia.
7. Capsulæ plenæ et operculatæ.
8. Particula peristomii.
9. Operculum.
10. Gemma mascula, antheridium, paraphyses, et perigonialia.

BRACHYTHECIUM ASPERRIMUM, *Mitten.*

Tab. 76.

B. lætum valde referens, distinctum tamen caule rigidiore, foliis angustioribus minus plicatis, foliorum cellulis quadratis ad angulos late decurrentes paucioribus haud granulosis, pedicello scabro, operculo conico longius apiculato.

HYPNUM ASPERRIMUM, Mitt. Proc. Linn. Soc. 8, p. 33 (1864).
HYPNUM VALLIUM, Sulliv. & Lesqx. Musc. Exsicc. Amer. (ed. 2), No. 506 (1865).

HAB. British Columbia, *Douglas* and *Lyall.* California, *Bolander.*

There is some slight difference in the described characters of the specimens from British America and of those from California. A comparison of the specimens, however, proves the identity of these forms, the differences being merely local and unimportant. Specimens labelled *Hypnum vallium* have been sent to Bolander and distributed to bryologists long before the preparation of the Musci Exsiccati.

TAB. 76.— BRACHYTHECIUM ASPERRIMUM.
1. Planta fertilis *naturali magnitudine.*
2. Planta mascula.
3. Pars rami.
4. Folia ramea.
5. Folium caulinum.
6. Areolatio basilaris et apicialis ejusdem.
7. Perichætium.
8. Folium perichætiale, archegonium, et paraphyses.
9. Capsulæ operculatæ cum pedicello scaberrimo.
10. Particula peristomii.
11. Operculum.
12. Gemma mascula et folium perigoniale.
13. Antheridium et paraphysis.

CAMPTOTHECIUM PINNATIFIDUM, Sulliv. & Lesqr.

Tab. 77.

PLANTÆ late cæspitosæ, cæspitibus laxis mollibus pallide læteque viridibus.

CAULIS gracilis, tripollicaris et ultra, prostratus, fragilis, dense pinnatim ramosus, eradiculosus; ramis aperto-erectis subincurvatis brevibus vel superioribus flagelliformibus.

FOLIA erecto-subaperta, dense imbricata, e basi ovata subdecurrente lanceolata, sensim subulato-acuminata, distincte plicata, margine revoluta vel reflexa, apice subdenticulata; costa crassa ultra medium evanida; reti areolis lineari-rhomboideo-hexagonis, ad angulos quadratis minutis numerosis; perichætialia concava, vaginanti-imbricata, oblonga, sensim longe acuminata, enervia.

FLORES dioici: feminei cauligeni; masculi numerosi in ramis ramulisque sparsi.

CAPSULA in pedicello papilloso recto subcernua, oblongo-ovata, curvula, crassiuscula, annulata; peristomio normali; operculo majusculo obtuse altius conico in medio leniter constricto mamillato.

HYPNUM PINNATIFIDUM, Sulliv. et Lesqx. Musc. Exsicc. Amer. (ed. 2), No. 513; Lesqx. Mem. Cal. Acad. 1, p 33.

HAB. On shaded rocks, in cañons, California, *Bolander*.

TAB. 77. — CAMPTOTHECIUM PINNATIFIDUM.

1, 2. Plantæ fem. et masc. *naturali magnitudine*.
3. Pars rami cum fol. dispositione.
4. Folia caulina et ramea.
5, 6. Areolatio apic. et basilaris folii.
7. Sectiones transversales foliorum.
8. Perichætium.
9. Folium perichætiale.
10. Gemma mascula, antheridium, et paraphysis.
11. Folium perigoniale.
12. Capsula cum pedicello papilloso.
13. Operculum.
14. Particula peristomii.
15. Annulus.

CAMPTOTHECIUM? MEGAPTILUM, *Spec. nov.*

Tab. 78.

Plantæ laxe elato-cæspitosæ, amœne albicantes vel pallide virentes, nitentes.

Caulis robustus, semipedalis, erectus, pinnatim ramosus, eradiculosus; ramis brevibus horizontalibus superioribus turgidis.

Folia conferta, erecto-imbricata, ex insertione subdecurrente anguste ovata, lanceolata, apice constricta, brevi-apiculata, valde plicata, concava, ultra medium nervosa, margine semi-revoluto toto ambitu dorsoque secus costam et plica denticulata; cellulis valde elongatis angustis linearibus chlorophyllosis, alaribus brevioribus irregulariter angulosis parum numerosis.

Flores pseudo-monoici: masculi in plicis foliorum radiculis fasciculatis confervoideis nidulantes; gemmæ antheridia 3 eparaphysata includentes; feminei caule primario insidentes, rariores.

Capsula in pedicello unciali robusto atro-sanguineo scabro horizontalis, ovato-oblonga, subcurvata, vacua valde curvata, sub ore constricta; peristomii externi dentibus crebre articulatis, interni integris, ciliis duobus æquilongis robustis appendiculatis; operculo longe conico apiculato ad medium subconstricto.

Hab. On the ground in deep coniferous woods, Oregon, *E. Hall*.

TAB. 78. — Camptothecium? Megaptilum.

1. Planta naturali magnitudine.
2. Pars caulis et dispositio foliorum.
3. Folium.
4, 5. Areolatio basilaris et apicialis.
6. Sectiones transversales fol.i
7, 8. Perichætium et fol. perichætialia.
9. Capsulæ cum operculo et pedicello muricato.
10. Capsula vacua.
11. Particula peristomii.
12. Ejusdem sectio verticalis.
13. Gemmæ masculæ cum radiculis confervoideis.
14. Antheridium et perigoniale.
15. Archegonium et paraphysis.

HYPNUM SUBIMPONENS, *Lesqx.*

Tab. 79.

Hypno imponenti habitu ramificatione etc. primo intuitu simillimum; differt foliis caulinis integris vel apice tantum subdenticulatis, rameis minus falcato-secundis enerviis, cellulis alaribus vel nullis vel ad basin perpaucis, foliis perichaetialibus internis rapide in subulam breviorem attenuatis integris erectis, capsula graciliori subcernua, operculo conico obtuso, annulo composito lato revolubili, etc.

HYPNUM SUBIMPONENS, Lesqx. Trans. Amer. Phil. Soc. 13, p. 14 (1863)
Sulliv. & Lesqx. Musc. Exsicc. Amer. (ed. 2), p. 475.
HYPNUM PLUMIFER (?) Mitten. Proc. Linn. Soc. 8, p. 41 (1864).

HAB. On shaded rocks in woods, California, from the plain to the mountains, Oakland, Big Trees, Long Valley, etc., *Bolander.* Vancouver Island, *Lyall.*

TAB. 79. — HYPNUM SUBIMPONENS.
1. Planta *naturali magnitudine.*
2. Pars ramuli.
3. Folia.
4. Areolatio apicis folii.
5. Areolatio basilaris ejusdem.
6. Perichaetium.
7. Folia perichaetialia.
8. Capsula operculata.
9. Particula peristomii et annuli.
10. Operculum.
11. Archegonium et paraphysis.

THUIDIUM LEUCONEURON, *Sulliv. & Lesqx.*

Tab. 80.

PLANTÆ humiles, densius cæspitantes, fastigiato-ramosæ, demisso-intricatæ, lutescenti-virides vel flavidulæ, nitescentes.

CAULIS ultrapollicaris, tenuis, irregulariter vage divisus, subpinnatim ramulosus, ramulis brevibus appressis.

FOLIA erecto-aperta, laxius incumbentia, ovato-lanceolata, tenui-acuminata, toto ambitu serrulata, costa valida summo apice dissoluta; paraphyllis nullis; reti cellulis minimis superne ovato-rhomboideis inferne brevioribus equilateralibus papillosis; perichætialia oblonga, sensim in acumen longum subflexuosum dentatum attenuata, enervia.

FLORES dioici, in caule ramisve positi; gemmæ masculæ crassiores, numerosæ; antheridiis numerosis, paraphysibus nullis.

CAPSULA in pedicello lævi subcygneo rubello minima, horizontalis, collo inflato ovata, subcurvata; peristomii interni dentibus punctulatis, ciliis tribus brevibus gracilibus interpositis; operculo longe conico-rostellato acuto vel apiculato; annulo simplici lato.

HYPNUM LEUCONEURUM, Sulliv. & Lesqx. Musc. Exsicc. Amer. (ed. 2), No. 407[b].
THUIDIUM LEUCONEURUS, Lesqx. Mem. Calif. Acad. 1, p. 31.

HAB. On the trunks of *Quercus agrifolia*, and on moist soil of shaded hills, Oakland, California, *Bolander*.

But for the absence of paraphylla, this species is by all its characters a true *Thuidium*.

TAB. 80. — THUIDIUM LEUCONEURON.

1, 2. Plantæ feminei et masculi *naturali magnitudine*.
3. Pars rami et dispositio foliorum.
4. Folia.
5. Perichætium.
6. Folium perichætiale.
7. Capsulæ operculatæ.
8. Particula peristomii.
9. Gemma mascula.
10. Antheridium.

HYPNUM OCCIDENTALE, Sulliv. & Lesqr.

Tab. 81.

PLANTÆ dense cæspitosæ; cæspites intricati, depressi, læte subscricco-virides.

CAULIS multoties divisus, filiformis, subrepens; ramis valde ramulosis prostratis, ramulis brevibus filiformibus vel attenuatis vel subincrassatis julaceis.

FOLIA humectata erecto-patentia, siccitate imbricata, e basi latiori ovata vel lingulata, obtusiuscula, concava, margine superne denticulata, costa crassa ad medium producta; areolatione e cellulis minutis ovali-rhomboideis, alaribus quadratis minoribus; perichætialia basi vaginante erecta, superiora late ovata, superne lanceolata, obtuse brevi-acuminata, reflexa.

FLORES dioici, secus ramos primordiales sparsi: masculi in ramulis terminales, vel innovationibus laterales, numerosi; gemmis ovatis crassiusculis; archegoniis 6 brevi-pedicellatis, paraphysibus æqui-numerosis superne incrassatis.

CAPSULA in pedicello subcygneo lævi (inferne purpureo superne rubello sicco sinistrorsum torto vix unciam longo) oblongoovata vel oblongo-cylindrica, inclinata, subcernua, vacua ore dilatata, exannulata; peristomii externi dentibus intus late lamellosis, interni integris punctulatis, ciliis duobus brevioribus interjectis; operculo longe conico acuto brevius declivorostellato.

HAB. Roots and base of trees, Oregon, *E. Hall.*

In its facies, color, depressed tufts, mode of division, etc., this this species much resembles *Pterigynandrum filiforme.*

TAB. 81. — Hypnum occidentale.

1, 2. Plantae masculae et femineae *naturali magnitudine*.
3. Pars rami et ejusdem foliorum dispositio.
4. Folia.
5. Areolatio basilaris folii.
6. Areolatio apicialis ejusdem.
7. Capsula operculata.
8. Capsula deoperculata, plena.
9. Capsula vacua, sicca.
10. Particula peristomii.
11. Articulationes internae dentis.
12. Perichaetium et ejusdem folium.
13. Vaginula archegoniis onusta.
14. Gemmae masculae in ramulo defoliato expositae.
15. Folium perigoniale.
16. Antheridium.
17. Paraphysis.

INDEX.

₊ Synonyma, etc., literis cursivis indicantur.

	PAGE		PAGE
ALSIA, *Sulliv.*		DESMATODON, *Brid.*	
longipes, *Sulliv. & Lesqx.* (TAB. 63)	85	Porteri, *James*, (TAB. 23)	36
AMBLYSTEGIUM, *Schpr.*		DICRANUM, *Hedw.*	
riparium, *Linn.*	96	Drummondii. *Müller*, (TAB. 33)	48
vacillans, *Sulliv.* (TAB. 72)	96	*robustum, Schpr.*	48
ANŒCTANGIUM. *Schwgr.*		*undulatum var. Drum.*	48
compactum, *Schl.*	38	ENTOSTHODON, *Schwgr.*	
Peckii, *Sulliv.* (TAB. 25)	38	Bolanderi, *Lesqx.* (TAB. 17)	28
ANTITRICHIA, *Brid.*		EPHEMERUM, *Hampe.*	
Californica, *Sulliv.* (TAB. 59)	79	Austini, *Sulliv.*	21
curtipendula, *Linn.*	79	*crassinervium, Schwgr.*	19
ATRICHUM, *Pal. Beauv.*		papillosum, *Austin*, (TAB. 10)	19
parallelum, *Mitten*, (TAB. 38)	54	*synoicum, James,*	22
undulatum, Beauv.	54	EURHYNCHIUM, *Schpr.*	
BARTRAMIA, *Hedw.*		colpophyllum, *Sulliv.* (TAB. 71)	95
Menziesii, *Hook.* (TAB. 26)	39	*crassinervium, Tayl.*	95
BRACHYTHECIUM, *Schpr.*		FISSIDENS, *Hedw.*	
acutum, *Mitten*, (TAB. 75)	99	*adiantoides, Linn.*	46
asperrimum, *Mitten*, (TAB. 76)	100	Closteri, *Austin*, (TAB. 29)	44
Hillebrandi. *Lesqx.* (TAB. 74)	98	decipiens, *De Not.* (TAB. 31)	46
Utahense, *James*, (TAB. 73)	97	*taxifolius, Linn.*	46
BRAUNIA, *Br. & Schpr.*		ventricosus, *Lesqx.* (TAB. 30)	45
Californica, *Lesqx.* (TAB. 27)	41	FONTINALIS, *Dill.*	
BRUCHIA, *Schwgr.*		*antipyretica var. Sulliv. & Lesqx.*	76
Beyrichiana, *Hampe*, (TAB. 15)	25	*Mercediana, Lesqx.*	76
Bolanderi, *Lesqx.* (TAB. 14)	23	Neo-Mexicana, *Sulliv. & Lesqx.* (TAB. 57)	76
Vogesiaca, Schwgr.	23	*Forsströmia nitida, Lindb.*	80
BRYUM, *Dill.*		FUNARIA, *Schreb.*	
Drummondi, *Müller,*	50	Americana, *Lindb.* (TAB. 19)	30, 31
nudicaule, *Lesqx.* (TAB. 34)	49	*calcarea, Wahl.*	31
CAMPTOTHECIUM, *Schpr.*		Californica, *Sulliv. & Lesqx.* (TAB. 18)	29
megaptilum, *Sulliv.* (TAB. 78)	102	*Californica, Sulliv. & Lesqx.*	31
pinnatifidum, *Sulliv. & Lesqx.* (TAB. 77)	101	*flavescens, Michx.*	31
CHRYSOBRYUM, *Lindb.*		*Hibernica, Hook.*	31
micans, *Wils.* (TAB. 67)	91	*hygrometrica var., Auct.*	31
CLIMACIUM, *W. & M.*		*Mediterranea, Lindb.*	31
Ruthenicum, *Weinm.* (TAB. 58)	77	Muhlenbergii, *Hedw. fil.*	30
Ruthenicum, Lindb.	77	*Muhlenbergii, Schwgr.*	30
CONOMITRIUM, *Montg.*		*serrata, Beauv.*	31
Hallianum, *Sulliv. & Lesqx.* (TAB. 28)	43	*Glyphocarpa Baueri, Hampe,*	40
		Gymnostomum latifolium, Drum.	26

Habrodon Notarisii, Schpr. 81
Hedwigia piliferu, Mitten, 41
Hedwigidium, Bry. Eur. 41
HOMALIA, *Brid.*
 gracilis, James, (TAB. 25) 82
HYPNUM, *Dill.*
 albulum, Müller, 91
 depressum, James, 94
 elegans, Hook. 86
 imponens, Hedw. 103
 micans, Wils. 91
 luzoriense, Sullv. & Lesqx. 104
 occidentale, Sulliv. & Lesqx.
  (TAB. 81) 105
 pinnatifidum, Sulliv. & Lesqx. 101
 plumifer? Mitten, 103
 ruthenicum, Weinm. 77
 subimponens, Lesqx. (TAB. 79) 103
 vallium, Sullie. & Lesqx. 100
LEPTODON, *Mohr.*
 nitidus, Lindb. (TAB. 60) 80
LEPTOTRICHUM, *Hampe.*
 pallidum, Schreb. 37
 Schimperi, Lesqx. (TAB. 24) 37
LESKEA, *Hedw.*
 Austini, *Sullv.* (TAB. 61) 81
Limnobium Novæ-Cæsareæ, Aust. 91
MICROMITRIUM, *Aust.* 20
 Austini, *Sulliv.* (TAB. 12) 21
 megalosporum, Aust. (TAB. 11) 20
 synoicum, James, (TAB. 13) 22
MNIUM, *Lin.*
 affine, Bland. 53
 cuspidatum, Hedw. 52
 insigne, Mitten, (TAB. 37) 53
 serratum, Schrad. 51
 umbratile, Mitten, (TAB. 35) 51
 venustum, Mitten, (TAB. 36) 52
NECKERA, *Hedw.*
 Macounii, Sulliv. 80
 Menziezii, *Hook.* (TAB 62) 83
OLIGOTRICHUM, *D. C.*
 alligerum, Mitten, (TAB. 39) 55
 Herzoginum, Ehrh. 55
 Lyallii, *Mitten,* (TAB. 40) 56
ORTHOTRICHUM, *Hedw.*
 affine, Hook. & Wils. 69
 alpestre, Hornsch. var. (TAB. 51) 69
 Bolanderi, *Sulliv.* (Tab. 46) 64
 consimile, Mitten, (TAB. 43) 59
 Coulteri, Mitten, 70
 cupulatum, Hoff. var. (TAB. 44) 61
 cupulatum, Hoff. 61, 62
 cylindrocarpum, Lesqx. (TAB. 52) 70
 cylindrocarpum, Lesqx. 59
 Hallii, *Sulliv. & Lesqx.* (TAB. 45) 63
 Jamesianum, Sulliv. (TAB. 53) 71
 Japonicum, Sulliv. & Lesqx. 75
 Kingianum, *Lesqx* (TAB. 55) 74

lævigatum, Schpr. 74
Lescurii, Aust. 61
occidentale, James, 69
obtusifolium, Schrad. 72
Ohioense, *Sulliv. & Lesqx.* (TAB. 48) 66
parvulum, Mitten, 61
Peckii, *Sulliv. & Lesqx.* 61
Porteri, Sulliv. & Lesqx. 61
psilocarpum, *James,* (TAB. 50) 68
pusillum? Mitten, 68
pulchellum, Smith, 59
rupestre, Schl. 62, 64
sordidum, *Sulliv. & Lesqx.* (TAB. 49) 67
strangulatum, Beauv. 81
strangulatum, *Beauv.* var. (TAB. 47) 65
Sturmii, Sulliv. & Lesqx. 61
tenellum, Bruch. 70
Teranum, Sulliv. 73
urnigerum, Myr. 62
Watsoni, *James,* (TAB 54) 73
Phascum Beyrichianum, Schwgr. 25
PHYSCOMITRIUM, *Brid.*
 bians, *Lindb.* (TAB. 16) 26
 Hookeri, Hamp. 26
 pyriforme, Linn. 26
PLAGIOTHECIUM, *Schpr.*
 elegans, *Hook.* (TAB. 64) 86
 elegans var. terestre, Lindb. 86
 Mülleriamum, *Schpr.* (TAB. 66) 89
 Schimperi, Milde. 86
 subfalcatum, *Aust.* (TAB. 67) 90
 turfaceum, *Lindb.* (TAB. 65) 87
POGONATUM, *Pal. Beauv.*
 capillare, Michx. 57
 contortum, *Menz.* (TAB. 42) 58
 dentatum, *Menz.* (TAB. 41) 57
 dentatum, Lesqx. 58
Polytrichadelphus Lyallii, Mitten, 56
POTTIA, *Ehrh.*
 riparia, *Aust.* (TAB. 21) 34
Pterigynandrum filiforme, Hedw. 105
RHYNCHOSTEGIUM, *Schpr.*
 delicatulum, *James,* (TAB. 69) 93
 geophilum, *Aust.* (TAB. 70) 94
 Jamesii, *Sulliv.* (TAB. 68) 92
SPHAGNUM, *Dill.*
 auriculatum, Lesqx. 12
 Austini, *Sulliv.* (TAB. 1) 9
 contortum, Schultz. 17
 contortum var. luricinum, Wils. 17
 cuspidatum, *Ehrh.* var. (TAB. 2) 11
 cuspidatum, Ehrh. 11, 12
 cyclophyllum, *Sulliv. & Lesqx.* (TAB. 7) 16
 cymbifolium, Dill., Müller, 9, 15
 cymbifolium var. Hook. & Wils. 16

fimbriatum var. majus, Auct.	14	teres, *Aagstr.* (TAB. 4)	13
Girgensohnii, *Russow,* (TAB. 5)	14	Wolfianum, *Girgens.* (TAB. 9)	18
laricinum, *Spruce.* (TAB. 8)	17	*Sparledera Beyrichiana, Hampe,*	25
laricinum, Aust	11	SYRRHOPODON, *Schwgr.*	
Mendocinum, *Sullic. & Lesqx.* (TAB. 3)	12	Texanus, *Sullic.* (TAB. 20)	32
		TRICHOSTOMUM, *Hedw.*	
Portoricense, Hampe,	9	macrotegium, *Sullic.* (TAB. 22)	35
pycnocladum, Aagstr.	18	THUIDIUM, *Schpr.*	
Pylæsii, *Brid.* (TAB. 6)	15	leuconeuron, *Sullic. & Lesqx.*	
sedoides var. Sullic. & Lesqr.	15	(TAB. 80)	104
squarrosum var. teres, Schpr.	13	ULOTA, *Mohr.*	
subsecundum, Nees.	11	Barclayi, *Mitten,* (TAB. 56)	75
subsecundum, Milde.	17	ZYGODON, *Hook. & Tayl.*	
strictum, Lindb.	14	Californicus, *Hampe,* (TAB. 32)	47

THE END.

University Press, Cambridge: Printed by Welch, Bigelow, & Co.

SPHAGNUM GIRGENSOHNII

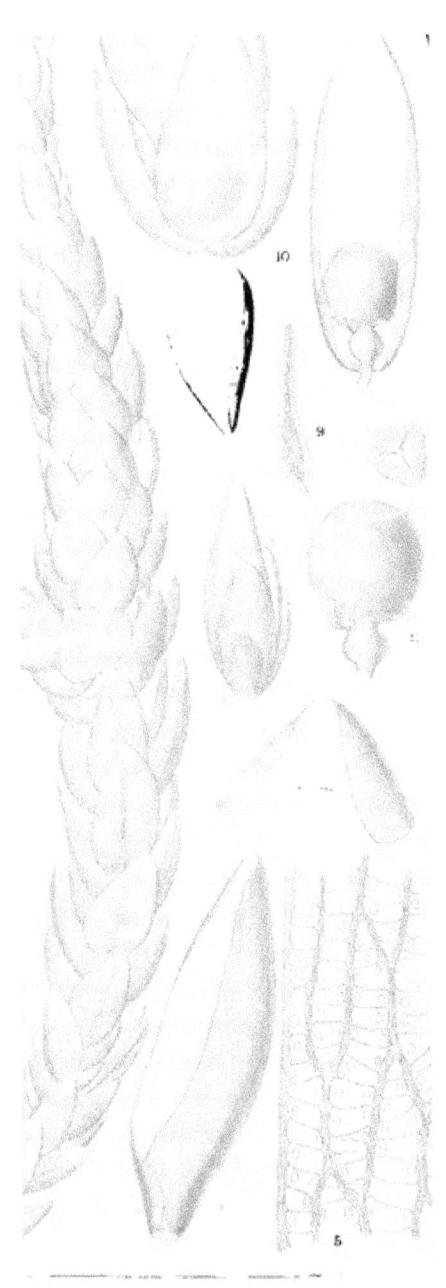

ENUM CYCLOPHYLLUM

SPHAGNUM LARICINUM

107

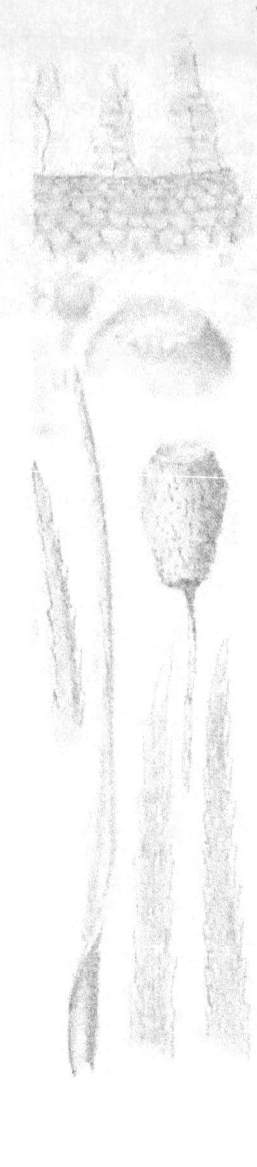

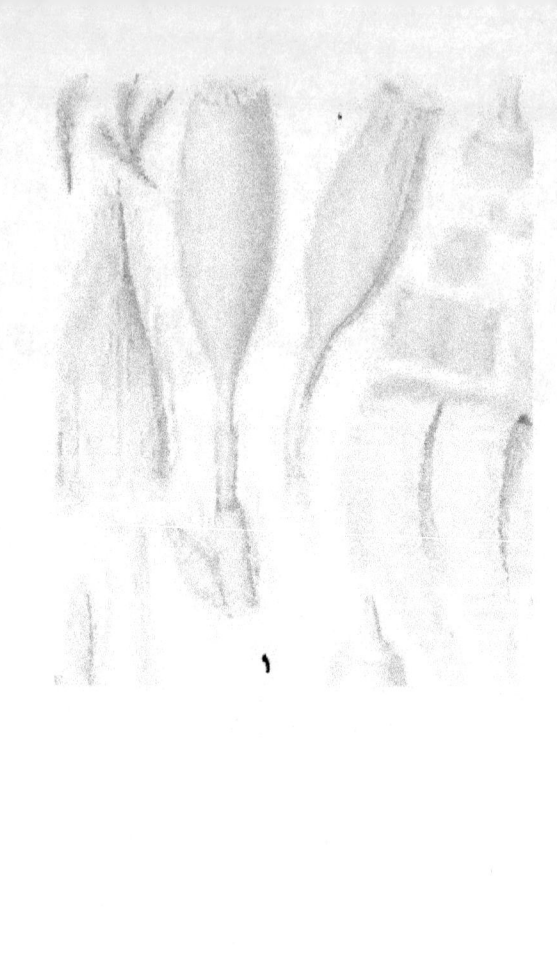

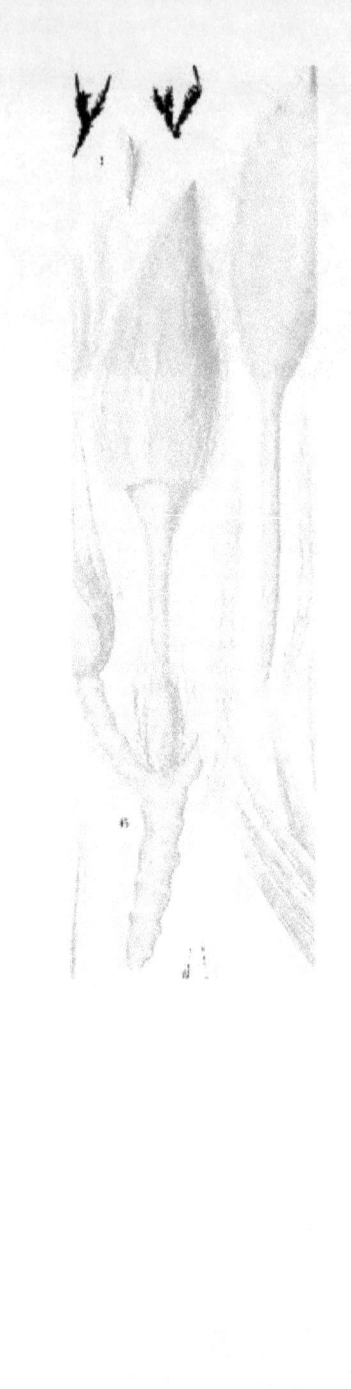

ORCHIDIUM XINGIAI

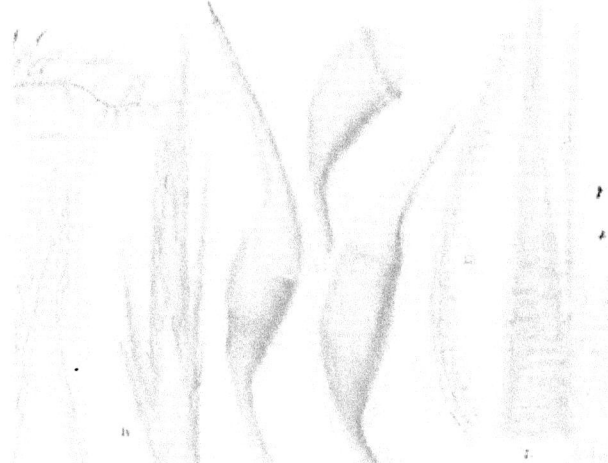

AMPTOTHECIUM PINNATIFIDUM

www.ingramcontent.com/pod-product-compliance
Lightning Source LLC
Chambersburg PA
CBHW020841160426
43192CB00007B/743